中华精神家园

山水灵性

水韵雅趣

湖泊泉瀑与历史文化

肖东发 主编　刘少颖 编著

中国出版集团

现代出版社

图书在版编目（CIP）数据

水韵雅趣 / 刘少颖编著. — 北京：现代出版社，
2014.7（2019.1重印）
ISBN 978-7-5143-2341-2

Ⅰ. ①水… Ⅱ. ①刘… Ⅲ. ①湖泊－介绍－中国②河
流－介绍－中国 Ⅳ. ①K928.4

中国版本图书馆CIP数据核字(2014)第159622号

水韵雅趣：湖泊泉瀑与历史文化

主　　编：肖东发
作　　者：刘少颖
责任编辑：王敬一
出版发行：现代出版社
通信地址：北京市定安门外安华里504号
邮政编码：100011
电　　话：010-64267325 64245264（传真）
网　　址：www.1980xd.com
电子邮箱：xiandai@cnpitc.com.cn
印　　刷：三河市华晨印务有限公司
开　　本：710mm×1000mm　1/16
印　　张：10
版　　次：2015年4月第1版　　2021年3月第4次印刷
书　　号：ISBN 978-7-5143-2341-2
定　　价：29.80元

党的十八大报告指出："文化是民族的血脉，是人民的精神家园。全面建成小康社会，实现中华民族伟大复兴，必须推动社会主义文化大发展大繁荣，兴起社会主义文化建设新高潮，提高国家文化软实力，发挥文化引领风尚、教育人民、服务社会、推动发展的作用。"

我国经过改革开放的历程，推进了民族振兴、国家富强、人民幸福的中国梦，推进了伟大复兴的历史进程。文化是立国之根，实现中国梦也是我国文化实现伟大复兴的过程，并最终体现为文化的发展繁荣。习近平指出，博大精深的中国优秀传统文化是我们在世界文化激荡中站稳脚跟的根基。中华文化源远流长，积淀着中华民族最深层的精神追求，代表着中华民族独特的精神标识，为中华民族生生不息、发展壮大提供了丰厚滋养。我们要认识中华文化的独特创造、价值理念、鲜明特色，增强文化自信和价值自信。

如今，我们正处在改革开放攻坚和经济发展的转型时期，面对世界各国形形色色的文化现象，面对各种眼花缭乱的现代传媒，我们要坚持文化自信，古为今用、洋为中用、推陈出新，有鉴别地加以对待，有扬弃地予以继承，传承和升华中华优秀传统文化，发展中国特色社会主义文化，增强国家文化软实力。

浩浩历史长河，熊熊文明薪火，中华文化源远流长，滚滚黄河、滔滔长江，是最直接的源头，这两大文化浪涛经过千百年冲刷洗礼和不断交流、融合以及沉淀，最终形成了求同存异、兼收并蓄的辉煌灿烂的中华文明，也是世界上唯一绵延不绝而从没中断的古老文化，并始终充满了生机与活力。

中华文化曾是东方文化摇篮，也是推动世界文明不断前行的动力之一。早在500年前，中华文化的四大发明催生了欧洲文艺复兴运动和地理大发现。中国四大发明先后传到西方，对于促进西方工业社会的形成和发展，曾起到了重要作用。

　　中华文化的力量，已经深深熔铸到我们的生命力、创造力和凝聚力中，是我们民族的基因。中华民族的精神，也已深深植根于绵延数千年的优秀文化传统之中，是我们的精神家园。

　　总之，中华文化博大精深，是中国各族人民五千年来创造、传承下来的物质文明和精神文明的总和，其内容包罗万象，浩若星汉，具有很强的文化纵深，蕴含丰富宝藏。我们要实现中华文化伟大复兴，首先要站在传统文化前沿，薪火相传，一脉相承，弘扬和发展五千年来优秀的、光明的、先进的、科学的、文明的和自豪的文化现象，融合古今中外一切文化精华，构建具有中国特色的现代民族文化，向世界和未来展示中华民族的文化力量、文化价值、文化形态与文化风采。

　　为此，在有关专家指导下，我们收集整理了大量古今资料和最新研究成果，特别编撰了本套大型书系。主要包括独具特色的语言文字、浩如烟海的文化典籍、名扬世界的科技工艺、异彩纷呈的文学艺术、充满智慧的中国哲学、完备而深刻的伦理道德、古风古韵的建筑遗存、深具内涵的自然名胜、悠久传承的历史文明，还有各具特色又相互交融的地域文化和民族文化等，充分显示了中华民族的厚重文化底蕴和强大民族凝聚力，具有极强的系统性、广博性和规模性。

　　本套书系的特点是全景展现，纵横捭阖，内容采取讲故事的方式进行叙述，语言通俗，明白晓畅，图文并茂，形象直观，古风古韵，格调高雅，具有很强的可读性、欣赏性、知识性和延伸性，能够让广大读者全面接触和感受中国文化的丰富内涵，增强中华儿女民族自尊心和文化自豪感，并能很好继承和弘扬中国文化，创造未来中国特色的先进民族文化。

2014年4月18日

阴柔之美——湖泊底蕴

水韵精华——溪泉灵性

九天飞流——瀑布神韵

湖泊底蕴

　　我国是一个湖泊众多的国家。湖泊之美，早已被古人所感受。特别是由湖泊而产生的诗词歌赋、亭台楼榭、逸事传说等，千百年来的融合与积淀成就了我国独特的湖泊文化，与山岳、江河文化一起构成了山水文化的主体。

　　湖泊与日月相辉映、与山石相配合所形成的和谐之美，给大自然增添了无限风采，它具有清奇淡逸、灵秀幽深的品性，更有一种纯洁、安宁、柔静的温情，是一种达到极致的阴柔之美。

人间天堂——杭州西湖

　　相传在很久以前，天河两岸各住着一位仙子，东边的叫玉龙，西边的叫金凤。他们十分要好，天天在一起玩耍。

　　有一天早晨，他们起了个大早。玉龙钻进河里，金凤飞向天空，游呀游，飞呀飞，不知不觉来到了一个仙岛上。"玉龙，玉龙!"金凤忽然叫起来，"你看这块石头多漂亮呀!"

■杭州西湖美景

■ 微波荡漾的西湖

玉龙一看，果真是块光亮夺目的石头。他高兴地说："金凤，我们发现仙石了，要是能把它磨成一颗宝珠，它肯定会变得更加光彩照人。那时，它就会成为天地间最宝贵的宝物了！"

于是，玉龙、金凤立即把仙石打磨成了一颗滚圆的珠子。他们又找来天河里的水，把它洗得更亮了，使它变成了天地间最美的东西。

这件事被王母娘娘知道了，于是就派了一个心腹，在一天夜里偷走了那颗宝珠。

有一天，王母娘娘做寿，席间，她把宝珠拿出来给众仙开眼界，众仙无不称奇。

玉龙、金凤这天没有参加宴会。正在仙岛上对坐流泪的他们，忽然发现天空中有一道亮光直射过来，他们觉得那道光与宝珠放出的光芒像极了。于是，他们就顺着光芒来到仙宫，发现宝珠竟然在王母娘娘手中。

玉龙、金凤气极了，冲上去要抢夺宝珠。王母娘

王母 传说中的女神，亦称为金母、瑶池金母、瑶池圣母、西王母。她原是掌管灾疫和刑罚的大神，后在流传过程中逐渐女性化与温和化，而成为慈祥的女神。相传王母住在昆仑仙岛，王母的瑶池蟠桃园里种有蟠桃，食之可长生不老。

■ 西湖上的凉亭

张岱（1597年—1679年），又名维城，字宗子，晚号六休居士。明末清初文学家、史学家，其最擅长散文，著有《琅嬛文集》《陶庵梦忆》《西湖梦寻》《三不朽图赞》《夜航船》等绝代文学名著。

娘哪肯放手，拼命去护。这一来，宝珠竟骨碌碌掉向了人间。玉龙、金凤急忙去追，可惜晚了，宝珠已触地了，霎时间，它变成了晶莹碧透的湖水。

玉龙、金凤舍不得离开这宝珠变成的湖水，就变成了湖岸边的两座山峰，一座叫玉龙山，一座叫凤凰山，日夜守护着嵌在大地上的明珠，这个湖就是西湖。

其实，西湖最早是一个潟湖。根据有关史书记载，远在秦朝时期，西湖还是一个和钱塘江相连的海湾，是钱塘江的一部分。

耸峙在西湖南北的吴山和宝石山，是当时环抱着这个小海湾的两个岬角。后来由于潮汐的冲击，泥沙在两个岬角淤积了起来，逐渐变成了沙洲。

此后日积月累，沙洲不断向东、南、北3个方向扩展，便把吴山和宝石山的沙洲连在了一起，形成了一片冲积平原，把海湾和钱塘江分隔开来，原来的海湾变成了一个内湖，西湖由此就诞生了。

后来明末清初文学家张岱在《西湖梦寻》记载：

> 大石佛寺，考旧史，秦始皇东游入海，缆舟于此石上。

此处所说的大石佛寺，就位于西湖北侧的宝石山下，这里曾有"秦始皇缆舟石"之景呢！

据东汉著名史学家班固所著《汉书》卷二十八《地理志》记载：

> 武林山，武林水所到之处出。东入海，行八百三十里。

因此推断，武林山就是后来的灵隐、天竺一带的群山总称，发源于这一带的南涧、北涧等山涧汇合为

班固（32年—92年），东汉著名史学家、文学家，官至兰亭令史、典校秘书。他是东汉史学家班彪之子，字孟坚。他修成了著名史书《汉书》，对后世具有重要影响。他也是东汉最著名的辞赋家之一，著有《两都赋》《答宾戏》《幽通赋》等。

■ 杭州西湖全景

水韵雅趣

湖泊泉瀑与历史文化

■ 西湖断桥

金沙涧，东流注入西湖，便是西湖最大的天然水源。

北魏时期著名地理学家郦道元所著的《水经注》中记载：

> 县南江侧，有明圣湖，父老传言，湖有金牛，古见之，神化不测，湖取名焉。

在此时便衍生出了西湖较早的另外两个古称，那就是明圣湖和金牛湖。

大约在东汉时，有一名叫华信的地方官，在西湖以东地带修筑塘堤以抵挡钱塘江的咸潮，因而西湖得名钱塘湖，这是唐代以前西湖通用的名称。

西湖还有许多别名，如龙川、钱源、石函湖、放生池、上湖、高士湖、明月湖、美人湖等。

每个别名，各有来历：石函湖是因唐代大诗人白居易筑石函以蓄泄湖水而来；上湖是相对于其北地势较低的下湖而得名；放生池是由于北宋杭州郡守王钦

郦道元（470年—527年），字善长，北朝北魏地理学家、散文家。他走过大江南北，搜集风土民情、历史故事、神话传说等，撰写了一部内容优美、丰富多彩的地理著作《水经注》。他被称为我国游记文学的开创者，对后世游记散文的发展影响颇大。

若奏请以西湖为放生池而得名；贤者湖系南宋文人楼钥以西湖有贤者之风而称。

西湖拥有这么多芳名雅号，展示了她悠久的历史，秀丽的风貌，丰富的文化意蕴和迷人的魅力。

自从610年隋朝开凿江南运河开始，西湖与北运河相接，沟通海河、黄河、淮河、长江和钱塘江五大水系，构成了杭州的便捷交通，促进了经济发展，杭州开始兴盛起来。

到了唐代，西湖面积约有10.8平方千米，比后来湖面面积大近一倍，湖的西部、南部都深至西山脚下，东北面延伸到武林门一带。

此时的香客可泛舟至山脚下再步行上山。由于当时未修水利，遇到大雨天气，湖水就四处泛滥，如果久旱不雨，西湖又干涸见底。

781年，唐代翰林学士李泌调任杭州刺史。为解决饮用水的问题，他创造性地采用引水入城的方法。

李泌（722年—789年），字长源，唐代杰出的政治家、思想家、军事家。他于天宝年间，自嵩山上书议论施政方略，深得玄宗赏识，让他做翰林。代宗即位，召为翰林学士，但屡被排斥，出为外官。

■ 西湖景观

■ 西湖美景

就是在人口稠密的钱塘门、涌金门一带开凿六井，采用埋设瓦管、竹筒等方法，将西湖水引入城内。

后来李泌开通的六井大都湮没，仅存相国井遗址井亭桥西。其余五井是：西井、方井、金牛井、白龟井、小方井。

822年，年过半百的白居易来到美丽的杭州任刺史，官场失意的他在看到西湖山水时，精神为之一振。到杭州的当天，他就迫不及待地写了《杭州刺史谢上表》，从此开始了伟大诗人与美丽山水的千古绝恋。

白居易在杭州的政绩多不胜数，其中最突出的是疏通开凿六井，其次便是整治西湖，筑建湖堤。

824年，白居易任期3年届满，离开时他在西湖留下一湖清水、一道芳堤、六井清泉和200多首诗。

白居易诗文中每每提及钱塘湖，如诗歌《答客问杭州》中写道：

为我踟蹰停酒盏，与君约略说杭州。

山名天竺堆青黛，湖号钱唐泻绿油。

大屋檐多装雁齿，小航船亦画龙头。

所嗟水路无三百，官系何因得再游？

白居易离开西湖时，当地老百姓扶老携幼，倾城为他送行。依依惜别时，白居易回赠了一首诗。送别白居易，西湖历经了几百年的兴衰变更。

唐代著名诗人张祜，也有诗作题为《早春钱塘湖晚》，其中写道：

落日下林坂，抚襟睇前踪。

轻澌流回浦，残雪明高峰。

仰视天宇旷，俯登云树重。

聊当问真界，昨夜西峦钟。

当时的钱塘县城在隋以后从位处西湖之西迁建到

■ 西湖美景

■ 西湖晚景

了西湖之东，也就是原来在城东的钱塘湖，这样便位于城西了。湖居城西，从此故名"西湖"了。

在唐代，"西湖"这个称呼就已经被频繁使用了，同样是白居易的诗文，就经常用"西湖"一词，如其诗作《西湖晚归回望孤山寺赠诸客》写道：

> 柳湖松岛莲花寺，晚动归桡出道场。
> 卢橘子低山雨重，栟榈叶战水风凉。
> 烟波淡荡摇空碧，楼殿参差倚夕阳。
> 到岸请君回首望，蓬莱宫在海中央。

白居易还有诗作《西湖留别》写道：

> 征途行色惨风烟，祖帐离声咽管弦。
> 翠黛不须留五马，皇恩只许住三年。
> 绿藤阴下铺歌席，红藕花中泊妓船。
> 处处回头尽堪恋，就中难别是湖边。

到了吴越国和南宋时期，西湖被全面开发并基本定型。在五代十国时期，吴越国以杭州为都城，促进与沿海各地的交通，并与日本、朝鲜等国通商贸易。

同时，由于吴越国历代国王崇信佛教，在西湖周围兴建大量寺庙、宝塔、经幢和石窟，扩建灵隐寺，创建昭庆寺、净慈寺、理安寺、六通寺和韬光庵等，建造保俶塔、六和塔、雷峰塔和白塔等，一时有佛国之称。

灵隐、天竺等寺院和钱塘江观潮是当时的游览胜地。由于西湖的地质原因，淤泥堆积速度快，西湖疏浚成了日常维护工作，因此吴越国王钱镠于927年，用了上千士兵专门开发建设西湖，对西湖进行了整修，确保了西湖水体的良好。

但是，从五代至北宋后期，西湖长年没有进行治理，杂草湮塞占据了湖面的一半。1071年，西湖迎来

净慈寺 是杭州西湖历史上四大古刹之一。曾经是吴越国国王为高僧永明禅师而建，原名永明禅院。后来在南宋时改称净慈寺。寺内最特别的是一口重达100多千克的铜钟，每日黄昏，悠扬的钟声在暮色苍茫的西湖上空回荡，激起人们的无限遐思，被称为"南屏晚钟"，是"西湖十景"之一。

011

阴柔之美

湖泊底蕴

■ 西湖湖心亭远景

■ 西湖美景

南屏山 在杭州西湖南岸，玉皇山北，九曜山东。主峰海拔101米，林木繁茂。南屏山是九曜山的分支，此山山峰耸秀，怪石玲珑，棱壁横坡，宛若屏障。因地处杭城之南，有石壁如屏障，故名南屏山。

了另一位"贵人"，那就是宋代著名文学家苏东坡，被调到杭州任太守。他在杭州期间，赈灾安民、治理河道，为老百姓做了许多好事。

1090年，苏东坡亲自为西湖请命，上书宋哲宗，写下了历史性的文件《乞开杭州西湖状》，要求朝廷拨款治理西湖。他说：杭州之有西湖，如人之有眉目，盖不可废也。

从此之后，一场前所未有的西湖整治行动开始了。从夏至秋，苏东坡发动全城募捐，动用了20万民工，终于把西湖治理好了。多余出来的淤泥葑草，便筑就了堤坝。后来杭州人民为纪念苏东坡治理西湖的功绩，把它命名为"苏堤"。

整条堤纵跨西湖南北两岸，堤身用疏浚西湖挖出的葑草和湖泥堆筑而成。堤体为南北走向，南起南屏山北麓，北至北山，纵贯湖面，距湖西岸大约500

米，距湖东岸大约2.3千米，把湖面分为西小东大的两部分。后来堤长约2.8千米，堤宽30米至40米，高出湖面0.4米。

苏堤是跨湖连通南北两岸的唯一通道，穿越了整个西湖水域，为观赏全湖景观的最佳地带。沿堤栽植杨柳、碧桃等观赏树木以及大批花草，还有6座单孔半圆石拱桥，自北而南依次为映波、锁澜、望山、压堤、东浦、跨虹。苏东坡曾有诗云：

我来钱塘拓湖绿，大堤士女争昌丰。
六桥横绝天汉上，北山始与南屏通。

堤旁遍种花木，有垂柳、碧桃、海棠、芙蓉、紫藤等40多个品种。每当寒冬一过，春风吹拂，苏堤便犹如一位翩翩而来的报春使者，杨柳夹岸，艳桃灼灼。堤上垂柳初绿、桃花盛开之时，绿柳如烟、红桃如雾，红翠间错，灿烂如锦。

苏堤最让人动心的，莫过于晨曦初露时，湖波如镜，桥影照水，

杭州西湖古桥

《武林旧事》
宋周密撰。成书于1290年以前。作者按照"词贵乎纪实"的精神，根据目睹耳闻和故书杂记，详述朝廷典礼、山川风俗、市肆经纪、四时节物、教坊乐部等情况，为了解南宋城市经济文化和市民生活，以及都城面貌、宫廷礼仪，提供了较丰富的史料。

鸟语啁啾，柳丝舒卷飘忽，桃花笑脸相迎。月沉西山之时，轻风徐徐吹来，无限柔情。

这时桃红柳绿，景色尤佳，游人漫步在堤上，看晓雾中西湖苏醒，新柳如烟，春风骀荡，百鸟和鸣，意境动人。湖山胜景如画图般展开，多方神采，如梦如幻……因此称之为"苏堤春晓"。

在南宋时，苏堤上一度形成了湖中集市。展现南宋都城临安的城市风貌的著作《武林旧事》中，就有清明节前后游湖盛况的记载：

> 苏堤一带，桃柳浓阴，红翠间错，走索、骠骑、飞钱、抛球、踢木、撒沙、吞刀、吐火、跃圈、斤斗及诸色禽虫之戏，纷然丛集。又有买卖赶集，香茶细果，酒中所需。而彩妆傀儡，莲船战马，饧笙和鼓，琐碎戏具，以诱悦童曹者，在在成市。

■ 杭州西湖夜景

■ 西湖美景

苏堤上的6座石拱桥，如桥头所见，各领风骚：映波桥与花港相邻，垂杨带雨，烟波摇漾；锁澜桥近看小瀛洲，远望保俶塔，近实远虚；望山桥上西望湖西诸山，峰峦叠嶂，如水墨山水画，且近景有丁家山岚翠可挹，远景有双峰插云巍然入目。

压堤桥居苏堤南北的黄金分割位，旧时又是湖船东来西去的水道通行口，"苏堤春晓"御碑亭就在桥南；东浦桥是湖上观日出的最佳点之一；在跨虹桥看雨后长空彩虹飞架，湖山沐晖，如入仙境。

苏东坡在杭期间，筑堤一条，吟诗千首，从这时开始，西湖便展现出了天堂的初景。可以说，西湖从这时起，才真正成为风景胜地。

苏东坡在他的名篇《饮湖上初晴后雨》诗中咏道：

水光潋滟晴方好，山色空蒙雨亦奇。

苏轼（1037年—1101年），字子瞻，号"东坡居士"，世称"苏东坡"。北宋诗人、词人，文学家，是豪放派词人的主要代表之一，"唐宋八大家"之一。其文汪洋恣肆，明白畅达，其诗题材广泛，内容丰富，现存诗3900余首。代表作品有《水调歌头》《赤壁赋》《记承天寺夜游》等。

■ 西湖湖心亭美景

欲把西湖比西子，淡妆浓抹总相宜。

这简直是千古绝唱。从此，西湖又有了西子湖的美名。西子就是指春秋时期越国的绝代佳人西施。比较天下数十个以西湖命名的湖泊，也唯有杭州西湖能配如此盛誉。

1127年，南宋定都临安后，杭州成为全国的政治、经济、文化中心，人口激增，经济繁荣，杭州进入了发展的鼎盛时期。

故南宋文人吴自牧在《梦粱录》中写道：

临安风俗，四时奢侈，赏玩殆无虚日。

西有湖光可爱，东有江潮堪观，皆绝景也。

杭州的游览者，每年除香客外，又增加了各国的使臣、商贾、僧侣，还有赴京赶考的学子和国内来杭贸易的商人。西湖的风景名胜开始广为人知了。

西施 本名施夷光，她天生丽质，与王昭君、貂蝉、杨玉环并称为我国古代四大美女，其中西施居首，她是美的化身和代名词。当时越国称臣于吴国，越王勾践谋求复国。在国难当头之际，西施忍辱负重，以身救国，成为吴王最宠爱的妃子，后助越王复国称霸。

在当时，西湖泛舟游览极为兴盛，据古籍记载，"湖中大小船只不下数百舫"，"皆精巧创造，雕栏画拱，行如平地"。

南宋诗人林升在《题临安邸》中对当时的盛况进行了生动的描绘。另外，诗人杨万里也曾作诗《晓出净慈寺送林子方》，盛赞西湖美景。诗云：

> 毕竟西湖六月中，风光不与四时同。
> 接天莲叶无穷碧，映日荷花别样红。

杨万里（1127年—1206年），字廷秀，号诚斋，南宋杰出诗人。他是一位爱国志士，一生关心国家命运，留下了大量抒写爱国忧时情怀的诗篇。在我国文学史上，他与陆游、范成大、尤袤并称"南宋四家"、"中兴四大诗人"。他作诗2.5万多首，只有少数留传下来。

到了元代，西域和欧洲的各国商人、旅行家，来杭州游览的越来越多。最为闻名的有意大利旅行家马可·波罗，他在游记中称赞杭州是"世界上最美丽华贵"的"天城"。

在元代后期，继南宋"西湖十景"，又有"钱塘十景"，游览范围比宋代有所

■ 西湖湖心亭石桥

■ 西湖湖心亭牌坊

018
水韵雅趣
湖泊泉瀑与历史文化

扩大。元世祖忽必烈期间，曾一度疏浚西湖，作为放生池，部分湖面又逐渐葑积成桑田了。但是到了元朝后期，西湖疏于治理，使得西湖日渐荒芜，湖面大部分被淤为茭田荷荡了。

1426年至1449年，杭州不断走向繁荣，地方官也开始关注西湖。1503年，杭州迎来了另一位贤明的太守叫杨孟瑛，他整整花了5年时间，才说动朝廷重新治理西湖。

1508年，杨孟瑛动用民夫约8000人，历时152天，占用田地约232公顷，恢复了西湖的旧观。所挖的淤泥，一部分用于苏堤，将其填高了两丈，拓宽了5丈3尺，并在两岸遍植杨柳，使苏堤重新恢复了"六桥烟柳"的原有景色。

另一部分淤泥，便筑了一堤，与苏堤并驾齐驱，从栖霞岭起，绕丁家山直至南山。后来杭州人们为了感激郡守对西湖山水百姓的一片厚爱，遂呼之为"杨公堤"。

杨公堤位于西湖以西，堤上共有6座桥，自北向南名字分别为：环璧、流金、卧龙、隐秀、景行、浚源。杨公堤与西面的苏堤六桥前后呼应，合称为"西湖十二桥"。

杨公堤全长3.4千米，北起灵隐路，南至虎跑路，串联起曲院风荷、金沙港、杭州花圃、茅家埠、乌龟潭、浴鹄湾和花港观鱼等著名景点。杨公堤附近还有黄蓑楼、环湖碧舍、兰苑、景行古桥、赵公堤等23处历史文化景观。

1607年，明朝钱塘县令聂心汤在湖中的小瀛州放生池外，从南向西筑起了环形长堤，形成了"湖中岛、岛中湖"的独特景观。

在清代，因为康熙、乾隆两位皇帝多次南巡到杭州，促进了西湖的整治和建设。康熙5次到杭州游览，并为南宋时形成的"西湖十景"题字，地方官为题字建亭立碑，使"双峰插云"、"平湖秋月"等景观有了固定的观赏位置。

聂心汤 明朝钱塘县令。1607年，他别出心裁地在西湖建造了一个放生地，利用水心保宁寺遗址，用西湖的淤泥筑起了这个湖中之岛，又在岛外修了条环形堤堰，使它形成了"岛中有岛，湖中有湖"的格局，作为放生之所。

■ 杭州西湖凉亭

■ 西湖景色

阮元（1764年—1849年），字伯元，号云台。清代嘉庆、道光年间名臣。他是著作家、刊刻家、思想家，在经史、数学、天算、舆地、编纂、金石、校勘等方面都有着非常高的造诣，被尊为一代文宗。

在雍正年间，西湖面积尚有7.54平方千米，淤泥有20多公顷，经过大规模疏浚后，面积广及后来的西山路以西至洪春桥、茅家埠、乌龟潭、赤山埠一带。

1727年，浙江巡抚李卫用了大量银两，开浚西湖湖道，在金沙港、赤山埠、丁家山、茅家埠建筑石堰各一座，用以蓄泄沙水入湖。在此时，还推出了"西湖十八景"，使杭州的游览范围进一步拓展。

乾隆帝6次到杭州游览，他为"西湖十景"题诗勒石。他又题书"龙井八景"，使偏僻山区的龙井风景为游人注目。

乾隆年间，杭州人翟灏、翟瀚兄弟合著《湖山便览》一书，记载了西湖游览景点增加到1016处，成为了杭州最早的导游书籍。

1801年，浙江巡抚颜检上奏朝廷请求兴修西湖水利。后来，由浙江巡抚阮元主持，用疏浚挖出的泥土堆积成了阮公墩。

阮公墩漂浮于粼粼碧波之上，后成为了西湖著名的三岛之一。阮公墩全岛笼罩在郁郁丛林下，绿茵茵，碧油油，犹如碧玉盘中闪烁着的一块晶莹翡翠。

岛上的环碧山庄格调高洁、典雅，四周碧水环绕，掩映于浓浓的绿荫之中。这里有"小洲、林中、人家"种种景色，游人来此，犹如进入了一个世外桃源，情趣、意境油然而生，其乐无穷。

舍舟登岸，回首眺览，使人沉浸于迷漫烟雾之中，犹如蓬莱仙阁，绿荫婆娑、塔影亭亭的小瀛洲好似空中花园，隐现于蒙蒙水间，一种飘飘欲仙之感，如此一片幽逸境界，实在堪称西湖新景一绝。

西湖如此之美，除了深厚的历史文化底蕴造就之外，还是就是其处于独特的地理位置。西湖位于杭州的西部，可谓是杭州的一颗明珠。

杭州地处长江三角洲南翼、杭州湾的西端、钱塘江下游、京杭大运河南端，属亚热带季风性气候，四

蓬莱仙阁 我国古代传说中八仙过海之地，号称"人间仙境"，同黄鹤楼、岳阳楼、滕王阁齐名，被誉为我国古代四大名楼。蓬莱阁虎踞丹崖山巅，它由蓬莱阁、天后宫、龙王宫、吕祖殿、三清殿、弥陀寺六大单体及其附属建筑组成了规模宏大的古建筑群。

■ 西湖的耀眼明珠
阮公墩

季分明，温和湿润，光照充足，雨量充沛。

西湖多数水域处于富营养状态，鱼类资源丰富，其来源一般是固有的野杂鱼和钱塘江带入的鱼类，还有人工引进驯化的养殖鱼种。其次是鲫鱼、河内鲫等，其他养殖鱼类还有团头鲂、细鳞鲷、圆吻鲷和鳗鲡等。

桃花在西湖沿岸、苏堤、白堤等处形成了"一株杨柳一株桃"的景观。自宋代杨万里咏出"接天莲叶无穷碧，映日荷花别样红"的诗句之后，西湖荷花名满天下。

白堤是早在1000多年前的唐朝，为了贮蓄湖水灌溉农田而兴建的，以风光旖旎而著称。原称白沙堤，横亘在西湖东西向的湖面上，从断桥起，过锦带桥，止于平湖秋月，长1千米。

唐代著名诗人白居易在任杭州刺史时写有诗云："最爱湖东行不足，绿杨荫里白沙堤。"即指此堤。后人为纪念这位诗人，称为白堤。堤上桃柳成行，芳

水韵雅趣

湖泊泉瀑与历史文化

■ 西湖湖心亭远景

草如茵，回望群山含翠，湖水涂碧，如在画中游。

宋时因此路是通往孤山的唯一的道路，故称孤山路。明朝修筑后，杂植花木，亦名什锦堂。

每年中秋前后丹桂飘香，是杭州旅游观光的一大亮点。杭州的梅花，在孤山隐居的宋代林逋留下"疏影横斜水清浅，暗香浮动月黄昏"的千古绝唱后，便成为了西湖边一大新的景观。

西湖周围的群山，属于天目山的余脉。根据岩性差别和山势的高低，可分为内、外两圈。外圈有北高峰、天马山、天竺山、五云山等，属高丘陵地形，山体主要由志留、泥盆纪岩屑砂岩、石英砂岩构成，岩性较坚硬，不易风化侵蚀。

峰峦挺秀，溪涧纵横，流水清冽，是西湖泉水最多地带。内圈有飞来峰、南高峰、玉皇山、凤凰山、吴山等，山势较低，属低丘陵地形。

山体均为向斜山地，主要由石炭、二叠纪石灰岩构成，易受水流溶蚀，形成了烟霞、水乐、石屋、紫来、紫云等溶洞。

内圈的群山，除岩溶丘陵外，还有横亘西湖北缘的葛岭、宝石山，由火山碎屑岩组成，海拔在百米左右。宝石山地貌气势磅礴，石峡陡立壮观，绝壁通幽，赭色宝石嵌入岩中。

孤山位于北侧外西湖中，海拔35米，为栖霞岭的支脉，是西湖中最大的岛屿。山上林木葱蔚，有很多历代人文古迹留存。孤山东西分别以白堤和西泠桥与湖岸相连，且岛上名胜古迹甚多，因此杭州人将"孤山不孤""寡人孤"，与"断桥不断""情谊断"、"长桥不长""情意长"并称西湖三怪。

西湖山林景点主要有云栖坞、烟霞岭、五云山、翁家山、水乐洞、吴山城隍阁、凤凰山、狮子峰、月轮山、南高峰、理安山、郎当岭、鼓楼、北高峰吉祥宫、法喜寺、凤篁岭、飞来峰造像、南屏山、法镜寺、六和塔等。

在西湖，从来就有"西湖十景"之说，除了"苏堤春晓"外，还有：平湖秋月、曲苑风荷、断桥残雪、柳浪闻莺、花港观鱼、双峰插云、三潭印月、雷峰夕照、南屏晚钟。

曲院风荷最引人注目的是夏日赏荷，近岸湖面养殖荷花，每逢夏日，和风徐来，荷香与酒香四处飘逸，令人不饮亦醉。

断桥残雪的断桥，位于白堤东端，一说起自平湖秋月的白堤至此而断，故称断桥。神话故事《白蛇传》中，断桥是白素贞与许仙相会的地方，又给断桥增添了许多浪漫色彩。《白蛇传》是一个美丽、凄婉、动人的爱情故事。

传说经过1000年修炼的蛇妖化作了美丽女子叫白素贞，她为了感恩，带着由青蛇化作的侍女小青，在杭州西湖与恩人药店主管许仙邂逅，男女同舟避雨，一见钟情。白蛇为了报恩，欲与书生缠绵，希望嫁与许仙。

于是，他们结为了夫妻。婚后，他们经历了诸多是非，白娘子屡现怪异，许仙不能忍受。镇江金山寺高僧法海赠给许仙一钵盂，让许仙罩住他的妻子。

白素贞和小青被钵盂罩住后，显露了原形，原

雷峰塔 一名皇妃塔，又称西关砖塔。一开始为吴越国王钱俶因黄妃得子而建造，因地建为雷峰，后人便改称"雷峰塔"。又有美丽的神话传说《白蛇传》以及历代文人墨客歌颂雷峰塔的诗词，就把雷峰塔诗化和神化了，使雷峰塔声名远播，家喻户晓。

■ 西湖旁的六和塔

来竟是千年修炼成道的白蛇和青蛇。法海于是携带钵盂，放在雷峰寺前，让人在雷峰寺砌成七级宝塔，名曰雷峰塔，把白素贞和小青永远镇于塔中。

花港观鱼公园位于苏堤南段以西。池岸曲折自然，池中堆土成岛，池上架设曲桥，倚桥栏俯看，数千尾金鳞红鱼游来游去。

双峰插云是指南高峰与北高峰，地势高耸俯瞰西湖。春秋佳日，塔尖入云，时隐时现，远望若仙境一般。

三潭印月里的三潭，是指岛南湖面，3座瓶形小石塔鼎足而立，造型别致优美。每逢仲秋时节，空中月、水中月、塔中月与赏月人心中各有寄托的"明月"上下辉映、神思遄飞。

雷峰夕照里的雷峰塔作为西湖的标志性景点，由于晚霞镀塔，佛光普照而闻名。每当夕阳西下，塔影横空，别有一番景色。

南屏晚钟是指，每当南屏佛寺的晚钟敲响，钟声振荡的频率传到山壁上，在天地间交响混合，共振齐鸣，悠远清扬，经久不息。

■ 杭州西湖虎跑泉

　　除了"西湖十景"之外，还有虎跑梦泉之景。虎跑泉在西湖之南，大慈山定慧神童寺内。相传唐代有个叫寰中的高僧住在这里。后因水源缺乏，准备搬去别处。有一天夜里，高僧梦见一个神仙告诉他："南岳童子泉，当遣二虎移来。"

　　第二天，果真有二虎"跑地作穴"，涌出泉水，故名"虎跑泉"。虎跑泉水从石英砂岩中渗过流出，清澈见底，甘洌醇厚，纯净无菌，饮后对人体有保健作用，被誉为"天下第三泉"。又因用这里的泉水泡出的龙井茶，其茶味更觉清香，从此"龙井茶叶虎跑泉"被称为"西湖双绝"。

　　后来又有了大型雕塑《梦虎》。在石雕前，一泓清泉潺潺流往山下，整件雕塑依山临水，浑然天成，与层峦幽谷、茂林修竹的背景和谐融洽，使得虎跑这座由昔日湖上名刹演变而成的山林公园有了画龙点睛之笔。

　　西湖除了流传下来了传统的"西湖十景"之外，元人还效仿宋代设了六桥烟柳、九里云松、灵石樵歌、孤山雾雪、北关夜市、葛岭朝暾、浙江秋涛、冷泉猿啸、两峰白云和西湖夜月的"元十景"。

灵隐
寺为杭州最早的
古寺名刹，地处
杭州西湖西的山
岭之中，背依北
高峰，面迎飞来
峰，两峰挟峙，
山地平缓，四周
林青木秀，鸟鸣
山幽，云飘雾
浮。相传济公剃
度出家的地方就
在灵隐寺。

清代添设了湖山春社、功德崇坊、海霞西爽、梅林归鹤、鱼沼秋蓉、莲池松舍、宝石凤亭、亭湾骑射、蕉石鸣琴、玉泉鱼跃、凤岭松涛、湖心平眺、吴山大观、天竺香、云栖梵径、韬光观海及西溪探梅"十七景"。

后来又有西湖新十景，包括云栖竹径、满陇桂雨、虎跑梦泉、龙井问茶、九溪烟树、吴山天风、阮墩环碧、黄龙吐翠、玉皇飞云和宝石流霞，无不流露出人们对西湖的喜爱之情。

在最后，人们评选出了最新的西湖十景，主要指灵隐禅踪、六和听涛、岳墓栖霞、湖滨晴雨、钱祠表忠、万松书缘、杨堤景行、三台云水、梅坞春早、北街梦寻。

西湖，是一首诗，是一幅天然图画，一个美丽动人的故事，不论是多年居住在这里的人还是匆匆而过的旅人，无不为这天下无双的美景所倾倒。

阳春三月，莺飞草长。苏白两堤，桃柳夹岸。两

■ 杭州西湖一景

西湖上的廊桥

029
阴柔之美
湖泊底蕴

边是水波潋滟，游船点点，远处是山色空蒙，青黛含翠。此时走在堤上，会让人被眼前景色所惊叹，甚至心醉神驰，怀疑是否进入了世外仙境。

而西湖的美景不仅春天独有，夏日里接天莲碧的荷花，秋夜中倒映月光的三潭，冬雪后疏影横斜的红梅，更有那烟柳笼纱中的莺啼，细雨迷蒙中的楼台，无论何时，都让人领略到西湖不同寻常的风采。

西湖景观承载了"天人合一"理念，是我国传统文人墨客的"精神家园"，是历代文学、诗词、绘画和造园等艺术领域的重要题材。

西湖景观与我国传承后世的忠孝文化、茶禅文化等传统直接相关，与《马可·波罗游记》和我国著名文学作品《春题湖上》《山园咏梅》《望海潮》等一系列西湖作品直接相关。

还与我国著名的四大古典爱情传说中的《白蛇传》和《梁山伯与祝英台》直接相关，可以说，西湖在我国传统文学艺术领域和广大的民间生活中均有广泛的影响。

西湖景观突出了"天人合一"的思想，是经由我国古代两位大文豪白居易和苏轼而开创，在延续上千年的西湖疏浚工程与景观设计之间的持续互动中，突出体现了人与自然高度和谐统一的理念。

同时，西湖还通过诗、画、景三者结合的我国题名景观设计手法，将宋代山水画的技法与构图理论运用于景观设计中，创造了以四季景物为观赏特性的东方题名景观杰作，成为我国农耕文明发达时期文人士大夫在景观设计上的创造精神的代表作。

西湖景观以其独创的山水景观设计手法与文化积淀丰厚的审美情趣，对后来景观设计和造园艺术均产生过明显影响，特别是对承德避暑山庄、颐和园和圆明园的造园艺术产生过非常大的影响，所以它在世界景观设计史上具有举足轻重的地位。

西湖景观中的一系列历史文化遗存，包含了摩崖造像、佛教建筑、祠墓建筑、藏书建筑和西湖龙井茶等多种类型，见证了13世纪至14世纪两个高度发达的亚洲文明和草原文明，就是蒙元文化与农耕文明在宋代我国东部江南地区的碰撞，见证了我国历史上的佛教禅宗文化、传统忠孝文化、文人墨客的隐逸文化、藏书文化以及茶禅文化的发展过程。

西湖景观中核心要素的"西湖十景"，是我国题名景观的杰出范例，她拥有得天独厚的文化含量、极为丰富的景观元素、独特的景观

■ 西湖净慈寺

西湖六和泉池

格局、和谐的人与自然互动关系，呈现了诗、画、景综合艺术特征的完美统一。

形成了东方艺术传统审美情趣的"诗情画意"，是我国历史上规模最完整、内涵最丰富、影响力最大、保存着影响形成与发展历史中最清晰和确凿证据的题名景观，也是我国文化中颇具规模与代表的精神栖居地。

阅读链接

在西湖3座情人桥中，只有西泠桥的故事是真实的。那是南齐时候，钱塘才女苏小小与当朝宰相之子阮郁相识相爱，但终因世俗之见，未能成其良缘。

苏小小在此之后，太多的人情冷暖让她变得更为孤傲，时常赋诗讽刺而遭到迫害，不久后，苏小小辞世，年仅18岁。

曾多年受苏小小资助的书生鲍仁衣锦还乡后，本欲报答，看到的却是苏小小已经去世。鲍仁便按照苏小小临终遗言，把她葬于西泠桥畔的孤山。鲍仁亲撰碑文：妾乘油壁车，郎骑青骢马。何处结同心？西泠松柏下。

鱼米之乡——江苏太湖

在很久很久以前有这样一个传说，说那年王母娘娘过大寿，玉皇大帝叫四大金刚送去了一份厚礼。王母娘娘看过以后，高兴得连嘴都合不拢了。

原来，玉皇大帝送的是一个大银盆，里面有72颗特大的翡翠，而且还有各种玉石雕琢的飞禽走兽，简直就是一个聚宝盆。这个大银盆

■ 太湖风光

■ 太湖美景

远远望去，好像一只精致的大盆景呢！各路神仙都赞不绝口。

王母娘娘做寿诞，举行蟠桃盛会，因为没有请弼马温孙悟空，结果孙悟空发了脾气，他就大闹天宫。他见一样打一样，当他看见玉帝送的大银盆时，也不管三七二十一，便一棒子打了下去。

银盆从天上落到地上，在地上砸了个大洞，银子便化作了白花花的水，形成了一个3.6万顷的湖，因为这个湖是从天上掉下来的，"天"字上面的一横落在下面就为一点，也就是"太"字，所以人们就把这个湖叫作"太湖"。

那72颗翡翠就变成了72座山峰，分布在太湖的四周。银盆里玉石雕刻的鱼，就变成了太湖里肌白如银、肉嫩味鲜的银鱼。银盆里玉石雕刻的飞禽，就变成了对对鸳鸯。银盆里那些雕刻的走兽，就变成了湖边树林里的野兽。

四大金刚 民间又称"四大天王"，即东方持国天王，名多罗吒，身白色，穿盔甲，手持琵琶，主乐神。南方增长天王，名毗琉璃，身青色，穿盔甲，手握宝剑，护法神。西方广目天王，名毗留博叉，身白色，穿盔甲，手持蠡，传法神。北方多闻天王，名毗沙门，身绿色，穿盔甲，右手持宝伞，左手握银鼠，降魔施财之神。

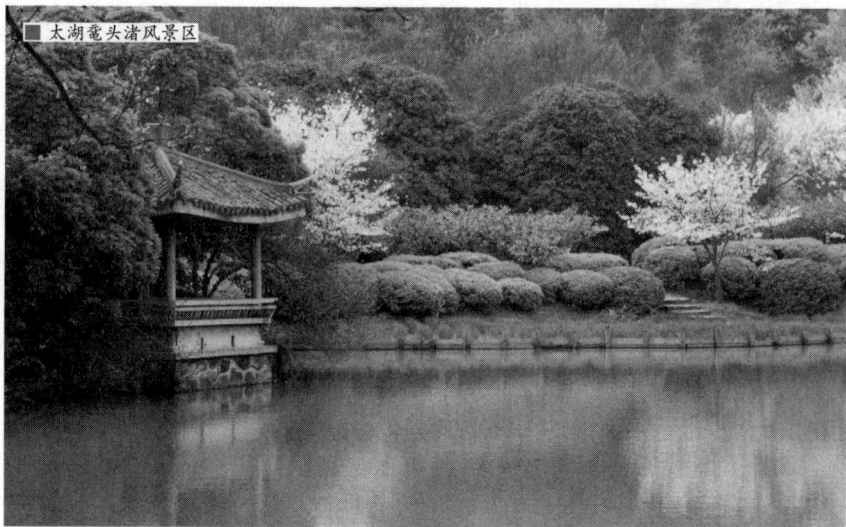
太湖鼋头渚风景区

有了太湖之后，人们感叹它的神奇，都逐水草而居，不断搬迁到太湖边居住，希望沾沾太湖的灵气。久而久之，人越聚越多，逐渐形成了太湖县。

太湖县是一个历史悠久的文明古县，远在春秋战国时期，太湖县隶属于楚国。后来在太湖小池出土了一批罐藏的楚国时期铜贝币，说明了太湖的悠久文明。

到了秦朝，秦始皇在公元前223年灭掉了楚国，设置了九江郡，也就是后来的寿县城关。秦始皇在公元前221年时，改属衡山郡，也就是后来的湖北黄冈之北和皖县西南地区。

公元前 206 年，西汉时，太湖县改属番君吴芮衡山国的皖县地。公元前 203 年，改属英布的淮南国衡山郡。公元前 173 年，淮南国被废除，衡山郡直属汉廷。后来又不断更换所属和设置。

在三国时期，太湖属于吴国扬州庐江郡皖县西南地区。在西晋时，280 年，庐江郡属扬州庐江郡皖县地域。在东晋时，413 年，新设置了晋熙郡及怀宁县，均管辖原来皖城，属于豫州。东晋末年，又在后来太湖县境内设置了青城县，属于晋熙郡。

太湖县是我国佛教禅宗文化的发祥地。310年，就有西域高僧佛图澄来此建寺造塔。他曾是我国佛教史上第一个争取朝廷把佛教纳入官府保护之下的人。

南朝宋太祖在448年，设立太湖左县。后来南朝又设立龙安郡，下辖有太湖左县和东陈县。

隋朝在583年，废郡改州，晋熙郡改名为熙州，太湖左县改名为晋熙县。后又将晋熙县恢复太湖县的名字，去"左"字，隶属同安郡。

唐朝在621年，改名为太湖，隶属于舒州，县名一直沿用。

朱元璋建立明朝，太湖县隶属江南行省安庆府。安庆府先后直属中书省、直隶六部、南京等。

清朝顺治期间，太湖县隶属于南直隶安庆府。1645年，安庆府改属江南省。1662年，安庆府改属江南省安池太道。先后还治芜湖、改属安徽安池太道、裁安池太道、江安十府储粮道、宁池太广道、庐凤道、皖南道。太湖所在区域之所以有这么悠久的历

佛图澄（232年—348年），竺佛图澄大师，西域人。310年时来到洛阳，当时他已经79岁。他能诵经数十万言，学识渊博并热忱讲导。佛图澄重视戒学，平生"酒不逾齿、过中不食、非戒不履"，并以此教授徒众。

035

阴柔之美

湖泊底蕴

■ 太湖风光

史，完全是因为地理位置太过重要所致。

太湖位于江苏南部，全部水域都在江苏境内，湖水南部与浙江湖州相连。它是我国东部近海区域最大的湖泊，也是我国第三大淡水湖，是我国著名的风景名胜区。

太湖横跨苏州的吴中、相城、虎丘、吴江和无锡的滨湖、宜兴以及常州的武进，最后还有湖州的金湖岸线。太湖分别由苏州、无锡、常州三地管辖。太湖南岸从父子岭起，沿湖岸线为苏浙行政区域分界线，湖州太湖沿岸线长57.86千米。

在古时候，太湖又称震泽、具区、笠泽、五湖等，过去认为太湖是由长江、钱塘江下游淤泥填海湾而成。还有一种说法是，在近1万年前由陨石撞击形成的湖荡区，产生了太湖、阳澄湖、淀山湖、漏湖、汾湖等众多湖荡。因为是陨石猛烈撞击而产生了一次较强大的地震破坏，所以古人称太湖为震泽。

在古代，太湖有"一湖跨三州"之说，主要水源有两处：一处是来自浙江天目山的苕溪，在湖州以下分为70多条河流注入；另一处来

自江苏宜溧山地北麓的荆溪，分别由太浦、百渎等60多条河流注入。

太湖水由北东两面70多条河流下泄至长江，主要有下游的娄江、吴淞江、黄浦江为主的"三江"。其中黄浦江是最大泄水河道，其余诸河流量较小，每因海潮顶托或江水上涨而倒流。

整个太湖水系，共有大小湖泊180多个，连同进出湖泊的大小河道，组成了一个密如蛛网的水系。这对航运、灌溉和调节河湖水位都十分有利。江南运河是京杭大运河的重要组成部分，它从镇江口引长江水南流，穿过太湖水系众多的河流和湖荡，成为这个水网的重要干流。

太湖中有岛屿40多座，以西洞庭山最大。东岸、北岸有洞庭东山、灵岩山、惠山、马迹山等低丘，山水相连，风景秀丽，为著名游览区。

京杭大运河 古名"邗沟"和"运河"，是世界上里程最长、工程最大、最古老的运河，与长城并称为我国古代的两项最伟大的工程。大运河南起余杭，北到涿郡，途经五大水系，全长约1794千米。

■ 太湖晚霞

顾祖禹（1631年—1692年），字复初，一字景范，字瑞五，号景范。我国清初沿革地理学家和学者。他在家庭影响下，毕生专攻史地，以沿革地理和军事地理的研究为精深。曾参与编纂《大清一统志》。

据清代地理学家顾祖禹所著《读史方舆纪要》记载，太湖在苏州府西南15千米，常州府东南40千米，浙江湖州府北14千米。其滨江之县为：

苏州的吴县，吴江，常州武进区，无锡，宜兴，乌程，湖州的长兴区，纵广三百八十三里，周回三万六千顷。或谓之震泽。吴郡志载，太湖东西二百余里，南北百二十里，周五百里。中游七十二峰，为三吴之巨浸。

太湖范围大，景点多，人文古迹多，有极好的风景。太湖碧波万顷，朝晖夕雨，雾霭晴光，自然景色变化万千，加上周围群山和湖中小岛，融娇艳、神秀于一体，使人心旷神怡。

著名的风景点有无锡蠡园、鼋头渚和苏州洞庭东

■ 太湖一景

山、洞庭西山等。从总体上说，太湖与"人间天堂"苏州、杭州两个地方及整个锦绣江南联系在一起，是美丽江南的代表之一。

太湖的景色秀丽，尤以无锡的鼋头渚为代表。此外，太湖沿线比较著名的景点还有苏州东山、西山、灵山大佛、蠡园、常州太湖湾等。

鼋头渚位于太湖正北面、无锡西南的太湖之滨和充山西端，离无锡约10千米，为三面环水的半岛，从空中向下看，就像伸入湖中的一个大鼋头，故有此名。

■ 太湖鼋头渚风景

鼋头渚的特点是以天然风景为主、人工修饰为辅。园林是观赏太湖风光最佳的地方。

三山又称乌龟山、笔架山，位于无锡冲山南端，是太湖中小岛。三山距鼋头渚2.6千米，最高处海拔49.8米，是个由东鸭、西鸭、大矶、小矶4个岛屿组成的湖岛，原为渺无人烟的荒岛，后来被人们所熟知。

西鸭和大、小矶之间筑有环山公路，有桥使三山联成一体。山上有松、竹、枫、樟、红橘等。西鸭山上建有六角亭，大矶山上建有三山茶室等。

蠡园位于无锡西南处的蠡湖北岸青祁，蠡园以水

范蠡（前536年—前448年），字少伯。春秋末期著名政治家、实业家。他虽然出身贫贱，但聪敏睿智，博学多才。期间三起三落，乃我国儒商之鼻祖，后人尊称为"商圣"。

水韵雅趣

湖泊泉瀑与历史文化

■ 太湖风光

越王勾践（约前520年—前465年），春秋末期越国的国君，前496年至前465年在位。因为他是大禹的后代，所以姓姒，名勾践，又名菼执。他曾败于吴，屈服求和，后卧薪尝胆，发愤图强，终成霸主。

饰景，是江南名园之一。蠡湖原称五里湖，是太湖的一部分。相传春秋末年，越国大夫范蠡功成身退，与西施泛舟湖上，因而得名。

蠡园三面临湖，亭、廊、堤均依水而建，精致纤巧，色彩和谐。春季沿湖环路花香不绝。千步长廊，曲岸枕水，壁上嵌有历代著名书法家苏轼、米芾、王明阳书法篆刻。蠡园在远山近水衬托下，外景开阔，风光明媚，在江南园林中尤富特色。

马迹山又名马山，位于鼋头渚和三山西部，是太湖中第二大岛。整座岛气势雄伟，自古以来就是兵家必争之地。战国时吴王夫差曾在此击败越王勾践，宋时爱国军民曾在此抗击金兵。

山上设有富丽堂皇的亭台楼阁，岛上泉清谷幽，果园遍布。在此品果赏景，别有一番情趣。

惠山位于无锡西郊，是江南名山之一，雄踞于太湖北岸。古称华山、历山、西神山，唐以后始称惠山，或作"慧山"。山有九峰，蜿蜒若龙，又称九龙山。

惠山以泉水著称，有惠山泉、龙眼泉等十余处，故俗称惠泉山。惠山泉又称天下第二泉。相传为唐大历年间无锡令敬澄开凿，因僧人惠照在此居住，故名惠山泉。惠山有九龙十三泉，二泉最负盛名。

据唐常州刺史独孤及《惠山寺新泉记》印证，唐以前已有惠山泉，惠山系乌桐砂岩，泉水经过滤，含矿物质多，水色透明，甘冽可口，为煮茶珍品。

唐代著名的茶叶专家"茶圣"陆羽，是中国第一部茶学专著《茶经》的作者，他品天下泉水20种，认为庐山康王谷洞帘水为第一，无锡惠山新泉为第二，蕲州兰溪石下水为第三……故惠山泉又称陆子泉。在泉亭上有"陆子祠"，是无锡人纪念陆羽的地方。

陆羽（733年—804年），字鸿渐，号竟陵子，又号"茶山御史"。我国唐代著名茶文化家和鉴赏家。被誉为"茶仙"，尊为"茶圣"，祀为"茶神"。撰有《茶经》3卷，《全唐文》中撰有《陆羽自传》，曾编写过《谑谈》3卷。

阴柔之美

湖泊底蕴

■ 太湖之源碑刻

■ 太湖风光

张又新 约813年前后在世，字孔昭，曾任司马、江州刺史、刑部郎中、左司郎等职。著有《煎茶水记》一卷，是继陆羽《茶经》之后我国又一部重要的茶道研究著作。他还善于写诗文，著有《唐才子传》流传于世。

另据张又新《煎茶水记》载，刑部侍郎刘伯刍曾言：水之宜茶者七：扬子江中泠泉第一，惠泉第二，虎丘第三……根据陆、刘二位古代品茗专家品定，惠山新泉均列第二，故称"天下第二泉"。

后来民间音乐家阿炳，曾在惠山一带颠沛流离，谱下了《二泉映月》一曲。以"二泉映月"为乐曲命名，不仅将人引入夜阑人静、泉清月冷的意境，听毕全曲，更犹如见其人——一个刚直顽强的盲艺人在向人们倾吐他坎坷的一生。此曲如怨如慕、如泣如诉，在国内外广为流传。

惠山东之锡山顶有龙光塔和龙光寺，山底建有龙光洞，山腰有晴云亭等。

洞庭东山俗称东山，古称胥母山，又名莫厘山，位于苏州西南40千米的太湖东南端。原为太湖中一小岛,后渐与东岸连成一片,成为半岛。

洞庭东山的主峰莫厘峰海拔293米,是观赏湖光山色的最佳地点之一。这里三面环水,漫山花果,有江南"花果山"之称。

洞庭东山的山上名胜古迹众多,其中位于西卯坞的紫金庵,内有16尊罗汉群像,后由印弥陀增塑2尊,合称为十八罗汉,是古代雕塑艺术之精品。还有明代古建筑及神话传说中的柳毅井寺古迹,为吴中游览胜地。

洞庭西山位于距苏州西南30余千米的太湖中,为太湖中最大的岛屿。岛上最高的缥缈峰海拔336米。岛的南端有石公山、归云洞、夕光洞、一线天等名胜和来鹤楼、断山亭等古建筑。

主峰下有"村屋古洞",俗称"龙洞",又名"左神幽虚之天道书洞",被道家誉为"天下第九洞

■ 东山紫金庵

■ 无锡太湖风光

水韵雅趣

湖泊泉瀑与历史文化

佛图寺 是东晋元帝大兴年间为天竺高僧佛图澄建造的，所以叫佛图寺。位于风景秀丽、人杰地灵的寺前镇，又名大尖山。千百年来，许多文人墨客在游览佛图寺时，留下了大量诗词歌赋，这些诗词歌赋被能工巧匠雕刻其间，进一步丰富了佛图寺的佛教文化内涵。

天"，是一大型石灰岩溶洞。洞内曲折幽深，最宽处可容数百人，钟乳石各具形态，变幻无穷。

洞庭西山的山上以盛产假山石太湖石远近闻名。向西，一片暗绿色的橘林中飘浮着缕缕乳白色的炊烟，这便是西山八景之一的"村屋晚烟"。山上奇崖怪石，似万朵芙蓉盛开，或玲珑剔透，或峥嵘突兀，千姿百态，令人目不暇接。

洞庭西山的重点寺庙有数十处，如佛图寺、二祖禅堂、西风禅寺、海会寺自古以来都非常有名。

九华山双溪寺肉身菩萨大兴和尚和著名的宗教领袖、海内外尊称为"活佛"的赵朴初先生都生长在花亭湖畔。

二祖禅堂位于花亭湖狮子山上。由于太湖地区的人们十分尊崇和保护禅宗二祖慧可及其弟子，便捐募山场田地建造了二祖禅堂。狮子山上对弈石、二祖洞、不涸泉、濯锡潭等自然山石一直保持了古风古貌，狮子山一直被人们尊称为二祖仙山。

太湖湾湖山结合完美，坐北朝南，平山远水，风景秀丽，腹地缓坡，山不高而清秀，水不深而旷远。

太湖古称震泽，又名五湖。这里山水相依，层次丰富，形成了一幅"山外青山湖外湖，黛峰簇簇洞泉布"的自然画卷。

太湖是一个天然的巨大水库，汛期能够蓄水，不仅下游地区依赖太湖水灌溉，上游大部分地区也依赖太湖水灌溉，太湖水可一直灌到西部山脚边。一般年份，灌溉水源都可满足，特殊干旱年份水源不足时，需从长江引水。

太湖不仅对全流域灌溉有很大作用，而且对流域所在地的供水具有重要作用。一湖好水，沿湖无锡、苏州等地可直接取用。黄浦江以太湖为源，清水长流，对冲淤、冲污、冲咸和上海用水也有着重要意义。

我国人民对太湖流域的开发治理已有几千年历

禅宗 佛教分为九乘佛法，然禅宗即是教外别传之第十乘，禅宗又名佛心宗，摄持一切乘，也是汉传佛教最主要的象征之一。汉传佛教宗派多来自于印度，但唯独天台宗、华严宗与禅宗，是由我国独立发展出的3个本土佛教宗派。其中又以禅宗为最具特色的教派。

阴柔之美

湖泊底蕴

■ 无锡太湖美景

■ 太湖鼋头渚风景

吴越文化 吴、越两国史见诸文献，始自春秋。在《春秋》《左传》《国语》等史书中都有记载。如果说"越"是江南的广义土著，那么"吴"则意为一代又一代与中原文化的融合。吴越之地，半壁春秋，至唐朝已成为华夏风韵最浓厚的地方之一。

史，在开挖河道、修建江堤海塘、建设塘浦圩田等方面积累了丰富经验，使太湖流域较早成为我国经济发达、物产丰饶的地区。

我们的祖先在太湖修筑了大量的水利工程，使这个西靠山丘、东接大海、南北滨江的地区形成了一个完整的湖泊河网。可以兼收灌溉、排水、通航和水产之利。

太湖流域的自然条件十分优越。太湖不仅位于全流域的中心，而且是全流域的水利中枢。京杭大运河纵贯太湖北、东、南三面，沟通了众多东西向的排水河道，起着相互调节的作用。

太湖东、北、西沿岸和湖中诸岛，因为是吴越文化发源地，所以有大批文物古迹遗存，如隋代大运河、唐代宝带桥、宋代紫金庵等。

在太湖最出名的要数太湖石。太湖石又名窟窿石，是一种石灰岩，有水、旱两种，多为灰色，少见白色、黑色。其形状各异，姿态万千，通灵剔透，它的色泽最能体现"皱、漏、瘦、透"之美。

它的色泽以白石为多，少有青黑石、黄石。尤其黄色的更为稀少，故特别适宜布置公园、草坪、校园、庭院旅游景色等，有很高的观赏价值。

据成书于五代末至北宋初的我国古代重要笔记《清异录》记载，从五代后晋时代开始就有人玩赏太湖石，到唐代特别盛行。

唐代身居相位的牛僧孺就是一个酷爱收藏太湖石的人。他在府第归仁里和南郭的别墅收藏太湖石，白居易称他"休息之时，与石为伍"，甚至到了"待之如宾友，亲之如贤哲，重之如宝石，爱之如儿孙"的地步，可见其爱石之深。

白居易曾写有《太湖石记》专门描述太湖石，宋代所著的我国第一部论石专著《云林石谱》中也专门有记载。历史上遗留下来的著名太湖石有苏州留园的"冠云峰"、上海豫园

■ 太湖石

阴柔之美

湖泊底蕴

■ 美丽的太湖夜景

的"玉玲珑"等园林名石。

太湖石分为水石和干石两种。唐代诗人吴融的《太湖石歌》中生动描述了水石的成因和采取方法：

> 洞庭山下湖波碧，波中万古生幽石，
> 铁索千寻取得来，奇形怪状谁得识。

太湖是我国五大淡水湖之一，3.6万顷湖水弥漫，72峰岛屿散立，自然风光秀丽雄浑。一曲"太湖美，美就美在太湖水"，让多少人为之心醉！

阅读链接

传说春秋末年越国大夫范蠡帮助勾践打败了吴国后，便辞官离开了越国。后来，范蠡携带西施，驾着一叶扁舟，出三江，泛五湖而去，杳然不知去向。

有诗云："已立平吴霸越功，片帆高扬五湖风。不知战国官荣者，谁似陶朱得始终？"太湖从此与范蠡西施结下渊源。

神仙洞府——湖南洞庭湖

相传东海龙宫三公主到天庭拜见玉皇大帝时，失手摔破了一只凌冰碗，玉帝大怒，便命太白金星领三公主到凡间受点苦难。

三公主和太白金星便化作流民爷孙俩模样，找到平原上的一家姓卿的财主家。财主家拥有万贯家财，良田千顷，九进大宅院，楼高三

■洞庭湖风景

■ 洞庭湖湿地

水韵雅趣
湖泊泉瀑与历史文化

层，气派无比。

老两口有一双儿女，但一直都没有婚配。一家4口都是爱财如命的吝啬鬼，财主婆的心肠更是歹毒无比。由于卿家声名狼藉，乡民无不恨之人骨。

三公主对太白金星说："爷爷，这户人家真的好富有啊！珍珠玛瑙用斗盘晒，金钱粮米就不知有多少啊！就在这里住吧！"

爷爷说："好，走吧！"

财主见走进来一个白发公公和一位美貌姑娘，连忙问道："请问长者到此何事？"

太白金星迎上前去，答道："老翁姓白，东海人氏，儿子儿媳早年病故，膝下只有这个芳龄十六的孙女，早闻员外令郎聪颖过人，因故还未婚配，所以我特意将孙女带来相许，不知您意下如何？"

财主听了，忙招呼落座，唤侍人前来敬茶，自己跑到后房，找老婆商量去了。

财主婆来到客厅，见了三公主，不觉动了心意，就对太白金星说："好吧，老爷爷！今天正好是黄道吉日，就让他俩成亲吧！"

当夜，财主家张灯结彩，二人入了洞房。太白金星见三公主完了婚事，就悄然返回天庭复旨去了。但是，谁知这家人第二天不仅对三公主做的饭菜不断指责，还让三公主到山上去放羊。

秋天到了，凉风瑟瑟，三公主赶着羊群上山，有气无力地甩着鞭子，想着远在东海的龙王父亲。她来到后山，一个书生打扮的书生与她不期而遇，原来这个书生就是来看望三公主的仙界书童，三公主随即将在卿家的遭遇对书生详细地说了一遍，又将自己写的血书塞在亲手为父亲做的寿鞋里面。

书童回到东海，跟龙王说了三公主的遭遇，龙王大怒，要给三公主报仇。

自从逼三公主到山上牧羊后，财主家还派仆人暗

■ 洞庭湖湿地自然风景

水韵雅趣

湖泊泉瀑与历史文化

屈原 （前340年—前278年），名平，字原，我国古代伟大的爱国诗人。因怀才不遇，而后忧国忧民的屈原在长沙附近怀石自杀，端午节据说就是他的忌日。他主要作品有《离骚》《九章》《九歌》等。他在诗中抒发了炽热的爱国主义思想感情，体现了他对理想的不懈追求和为此九死不悔的精神。

中盯梢。仆人见有书生模样的人去找三公主，就赶紧添油加醋地告诉了财主家老婆子。

一天，财主家老婆子来到厨房查看，只见大水缸里水波荡漾，有两只牛角似的东西伸出水面，老婆子好生奇怪，上前一摸，只见角叉一拱，一条大青龙张牙舞爪地从大水缸里跃了出来，吓得老婆子"哎呀"一声，瘫倒在地。

大青龙头一伸，尾一摆，一绺粗大的水柱破缸而出。接着，"轰隆"一声巨响，地裂天崩了……除了平民百姓居住的赤山外，整个卿家院落连同方圆八百里的平地，统统陷落了下去，成为了烟波浩渺、深不可测的大湖泊。

大湖泊是大青龙钻的一个洞形成的，人们说这个洞就连着龙庭，因此，人们就称其为洞庭湖。

■ 洞庭湖湿地

"洞庭"一词，最早见于楚国著名辞赋家屈原所著的《楚辞》。屈原在他的诗篇中多次提到"洞庭"。如《九歌·湘君》中有"驾飞龙兮北征，吾道兮洞庭"，《九歌·湘夫人》中有"袅袅兮秋风，洞庭波兮木叶下"。

屈原在洞庭湖畔度过了近20年的流放生活。从《九歌》推测，"洞庭"之名始于2300多年前。

在历史上，对"洞庭"名称的由来，仁智各见，众说纷纭。《山海经·中山经》称：

> 又东南一百二十里，曰"洞庭之山"……帝之二女居之……

有人称，《山海经》所提"洞庭之山"就是后来洞庭湖中的君山；"帝之二女"就是指屈原诗中所称的"湘君"和"湘夫人"。

■ 洞庭湖沼泽湿地

据史料记载，洞庭湖原为古云梦泽的一部分，在春秋时期，"梦"在楚方言中为"湖泽"之意，与"漭"相通，洞庭湖本为华夏第一大淡水湖。

当时的云梦泽横穿湘鄂两省，面积曾达40000平方千米，因此西汉时期伟大的文学家、政治家司马相如在《子虚赋》中有"云梦者八九百里"之说。

后由于长江泥沙沉积，云梦泽分为南北两部分，长江以北成为沼泽地带，长江以南还保持着浩瀚的水面，因此称之为洞庭湖。

但是，由于当时洞庭湖在沅、资二水之间，所以湖泊水体很小，并没有人注意到它，因此秦汉以前的著作《尚书》《周礼》《吕氏春秋》《淮南子》等都没有把它列入古代有名的湖泽之内。

在东晋时，洞庭湖逐渐扩展，随着荆江内陆三角洲的扩展和云梦泽的渐渐萎缩，以及荆江江陵河段金堤的兴建，奔腾的长江来水，进入凹陷正在下沉中的洞庭沼泽平原，从而形成一片烟波浩渺的巨泽。

司马相如（约前179年—前118年），字长卿。西汉大辞赋家。司马相如是我国文化史文学史上杰出的代表，是西汉盛世汉武帝时期伟大的文学家、杰出的政治家。景帝时为武骑常侍。他善于辞赋，其代表作品为《子虚赋》。作品辞藻华丽，结构宏大，使他成为汉赋代表作家，后人称之为"赋圣"和"辞宗"。

南朝宋时文人盛弘之在其地理著作《荆州记》中这样描绘：

《荆州记》作者是南朝宋的盛弘之。此书南北朝齐、梁、西魏间著述中颇见注称，唐、宋地理典籍中尤多征引。这本书的成书时间应该在宋文帝元嘉十四年左右，大约在唐宋间就已经失传，盛弘之生平事迹也已经无处考究。

> 巴陵南有青草湖，周回数百里，日月出没其中。

北魏著名地理学家郦道元为《水经》作注时，便充分反映了洞庭湖扩展的这一巨大变化。他指出湘、资、沅、澧，"凡此四水，同注洞庭，北会大江"。并云：

> 湖水广圆五百余里，日月若出没于其中。

历史上洞庭湖区一直处在缓慢的下降当中，再加上古代荆江分水口大多在北岸，南岸的洞庭湖区，很少受到长江泥沙的影响。

到了唐宋时期，洞庭湖水面进一步向西扩展。唐代大诗人李白就描绘了洞庭湖湖面的辽阔及雄伟气

■ 洞庭湖湿地

■ 洞庭晚霞

势。他在《游洞庭湖》诗中写道：

洞庭西望楚江分，水尽南天不见云。

在明、清之际，洞庭湖的面积继续扩展。明朝嘉靖、隆庆年间，明代著名政治家、改革家张居正为了保护在湖北安陆的"显陵"以及他自己家乡江陵的安全，采取了"舍南救北"的方针，在荆江北岸筑起长堤，使北岸穴口基本堵塞。

从此，长江水沙多由荆南排入洞庭湖区，在来水有增无减的情况下，洪水期湖面的水域不断扩展，逐渐有了西洞庭湖与南洞庭湖的形成。

这一洞庭湖向西南扩展的形势，一直延续到清道光年间，这是洞庭湖的全盛时期。清咸丰二年（1852）及同治十二年（1873），荆江南岸相继发生藕池及松滋决口，加上原有太平、调弦两个出口，形成4个出口分流的局面，荆江泥沙大量流入洞庭湖，

张居正（1525年—1582年），字叔大，号太岳，明朝名臣，明朝中后期著名的政治家、改革家，万历初期的内阁首辅大臣，辅佐万历皇帝进行了"万历新政"，使原已垂危的大明王朝生命得以延续，具有重大的历史功绩。

这使得湖区沉积量远远超过湖盆构造的下沉量。

后来，湖泊一直经历着自然消亡的过程，特别是随着泥沙的淤积和盲目的围垦，使洞庭湖面积不断缩小。西洞庭湖和南洞庭湖的北部不断向沼泽化演变，洞庭湖呈现一派水流沼泽、河网平原的地貌景观。

洞庭湖位于湖南省北部，长江中游南岸，由南、东、西洞庭湖3个重要湿地组成，是长江极为重要的吞吐调蓄型湖泊。

洞庭湖南纳湘、资、沅、澧四水汇入，北由东面的岳阳城陵矶注入长江，号称"八百里洞庭"。洞庭湖据传为"神仙洞府"的意思，可见其风光之绮丽迷人。

洞庭湖浩瀚迂回，山峦突兀，其最大特点便是湖外有湖，湖中有山，渔帆点点，芦叶青青，水天一色。春秋四时之景不同，一日之中变化万千。

洞庭湖在地质史上虽与江汉平原的云梦泽同属于"江汉—洞庭凹陷"，但在历史时期，它是作为一个独自的水系而存在和发展的，并不属于古云梦泽的范围。

洞庭湖地区只是一片河网交错的平原，只是后来环绕君山的所谓

■ 洞庭湖美景

■ 洞庭湖风光

"洞府之庭"形成的一个大湖泊。

在东洞庭湖与长江接界处到城陵矶，有一块名为三江口的地方。从此处远眺洞庭，景色特别雄伟壮观。民间传说刘海戏金蟾、东方朔盗饮仙酒、舜帝二妃万里寻夫的故事都是源于此地。

滨湖的风光极为秀丽，景点很多，如岳阳楼、君山、龙涎井、柳毅井、南湖公园等名胜古迹。

湖中最著名的是君山，君山风景秀丽。君山在岳阳西南15千米的洞庭湖中，是一座面积不足100公顷的小岛，君山上有72个大小山峰，原名洞府山，取意神仙"洞府之庭"。

唐代的刘禹锡在《望洞庭》诗中写道：

遥望洞庭山水色，白银盘里一青螺。

传说这座"洞庭山浮于水上，其下有金堂数百间，玉女居之，四时闻金石丝竹之声，砌于山顶"。这只是一则浪漫神话传说而已，不足为信。

君山原名洞庭山，是神仙洞府的意思。相传4000年前，舜帝南巡，他的两个妃子娥皇、女英追之不及，攀竹痛哭，眼泪滴在竹上，变成了斑竹。后来两妃死于山上，有人建成了二妃墓。屈原在《九歌》中称之为湘君和湘夫人，故后人将此山改名为君山。

君山的竹子很有名，有斑竹、罗汉竹、方竹、实心竹、紫竹、毛竹等。这里每年都要举办盛大的龙舟节、荷花节和水上运动等。

君山古称湘山、洞庭山，因尧女湘君所游处而得名，面积960平方米，位于岳阳西南12千米的东洞庭湖中，与岳阳楼遥遥相望，是我国重点风景名胜区。

君山素以"集奇撮胜"之地著称。这里，湖光因山色生胜，风景与名胜争妙。君山有古迹二妃墓、湘妃庙、柳毅井、飞来钟等。

在飞来钟下面有一口龙涎井。龙涎井由来已久，

■ 洞庭湖美景

■ 洞庭湖风光

铜钱 在春秋战国时期，随着商品经济发展，在流通中要分割和鉴定成色的金属称量货币逐步不适应，而被金属铸币所取代。我国历代古钱币大多数是以铜合金形式铸造的，方孔钱是古代钱币最常见的一种。由于发行时间和发行量均远大于其他种类的钱币，方孔钱和我国古钱币这两个概念经常等同。

因为君山地形酷似乌龙卧水，龙涎井前方为龙口，张口向南，两边钳形山嘴，为龙的上、下腭，中间的小山是龙的舌头，又因井水清澈纯净，就像是龙舌头上面一点点滴下的涎水，故称"龙涎井"。

龙涎井这一富有传奇色彩的雅名，对君山的地形进行了形神毕现的生动概括。据传，当年湘妃寻夫到君山，口渴异常。她们对爱情的忠贞感动了洞庭湖中的乌龙，乌龙便化成一座小山，张开双腭，伸出舌头，让龙涎滴出，滴在山脚下，便化成了一口古井。

湘妃见到古井，喝着井中香甜的龙涎，顿时觉得精神振奋。后来，湘妃投湖，乌龙悲伤过度，就化为了一座小山，龙涎井就坐落在这座山下。

柳毅井位于君山龙口内的龙舌根部，也称橘井。井入口丈许，有片石作底，凿数孔以通泉，石下深不可测。曾经有个老和尚做过试验，用半斤丝线，一端系上铜钱吊下井去，丝线放完了，还未探到井底。

在唐代，因井旁有一棵大橘树，故此井又名"橘井"。后来井旁的橘树就不复存在。柳毅井之所以有名，也是因为古时候有一落第书生柳毅路过陕西泾河，遇见洞庭龙女牧羊荒郊。龙女说自己在泾河夫家备受虐待，要求柳毅传书解救，柳毅立即允诺。

龙女得救后思慕柳毅，后经许多曲折，二人终于结为美满夫妇。这就是当地人流传的《柳毅传》，虽然时间已经过去，但关于柳毅的传说却永远在民间传颂……

南湖是由洞庭湖派生出来的自然湖泊，湖面终年碧波荡漾，港湾曲折，有"一龙赶九龟"的地貌造型。

南湖北港湾口有一座古代建造的三眼桥，建在紫荆堤中间，在以前的几百年间，紫荆堤是岳阳通往外界的唯一水路通道。

南湖风光极其秀丽，西通洞庭，南临赶山、北接金鄂山，湖水漫延交错，在峰峦之间回叠。湖中产鱼，两岸产茶，鱼肉鲜美，茶叶清香。因而，自古以来，南湖就成为文人墨客泛舟品鱼、饮茶吟诗的最佳场所。

■岳阳楼下的洞庭湖

■ 岳阳楼城墙与洞庭湖

唐朝宰相张悦曾贬谪岳州，经常招来很多文人在湖中唱和。诗仙李白好像对南湖是情有独钟，他吟出的诗简直就是一幅活生生的丹青画。

南湖秋水夜无烟，耐可乘流直上天。
且就洞庭赊月色，将船买酒白云边。

丹青画 又称水墨丹青画，是国画的一种，指纯用水墨所作之画。相传始于唐代，成于五代，盛于宋元，明清及近代以来续有发展。长期以来水墨画在我国绘画史上占着重要地位。国画中以墨色为主，以丹青色彩为辅，所以，这样的国画也称为"水墨丹青画"。水墨丹青画一般画在绢、纸上并加以装裱。

"水闲明镜转，云绕画屏移"更是以白描的手法来直接赞美南湖。南湖及其滨水地带荟萃了众多文物古迹，蕴含了悠久的人文景观和生动的民俗风情。

洞庭湖人文的伟大之处在于，它既是我国传统儒家文化的堡垒，又是其他民间文化和流派的精神乐园。从战国末期屈原放逐到沅湘与当地老者的对话，我们仍然可以看出其价值取向的差异。

屈原这位伟大的爱国者，最后只能"宁赴湘流"，令后世之人感叹惋惜。洞庭湖人文积淀中所包含的一些特质性的东西，如爱国主义的主旋律，创新、求变、自强不息的奋斗精神，以及个人遭到不幸时对国家民族前途命运的思考，构成了湖湘文化的核心和本质，把它与其他区域或者水域文化相比较，就能凸显出其独特的个性和巨大的差异性。

总而言之，洞庭湖的人文在我国文化史上有着特殊之地位，与其他地域主要是湖泊地区相比较，内涵丰富，特色突出，成为湖湘文化的一个重要板块。

洞庭湖的创作题材以咏史、描景和抒情为主，从屈原开始，经过著名诗人陶渊明，再到李白、杜甫、范仲淹等，脉络清晰，一以贯之，都根植于湖区的一方水土和人文，随后形成了鲜明的主题。

湖湘地区因远离中原传统文明的核心区，历史时期与西域、东北等区域一直作为中原王朝远谪和流放政治对手的场所，流放不是始于屈原，但屈原被放逐，尤其是流放到沅湘地区之后，其一系列的创作成为汉民族文化的总根源之一。

陶渊明 （365年—427年），字元亮，名潜，字渊明，号五柳先生，私谥靖节，东晋末期南朝宋初诗人、文学家、辞赋家、散文家。曾做过几年小官，后辞官回家，从此隐居，田园生活是陶渊明诗的主要题材，相关作品有《饮酒》《归园田居》《桃花源记》《五柳先生传》《归去来兮辞》等。

■ 洞庭湖畔的古楼

洞庭湖旁的古建筑

《沧浪歌》被
《楚辞》收录，
具有深刻的人生
哲理。古时，汉
江有一支流流经
沔阳，名曰沧浪
河。春秋战国时
期，楚国三闾大
夫屈原流放之
时，游经沧浪
水，在张沟处遇
渔父问渡，颇为
伤感，渔父唱了
一首《沧浪歌》
启发屈原如何面
对现实，后传为
历史佳话。

洞庭湖区的人文积淀之所以丰厚，在于它的包容性和多元文化因素。它不排斥理想主义的爱情和世俗环境下的喜怒哀乐，也不会排斥道家的亲近自然、返璞归真等，屈原《沧浪歌》中的"清兮"、"浊兮"能够成为湖区人们生活的一种类型，为陶渊明一类的文人士大夫所追梦。

洞庭湖是我国内陆淡水湖的翘楚，拥有得天独厚的自然资源和人文历史资源，推进环湖生态建设，充分发掘和利用湖区非物质文化遗产，打造具有湖区人文历史特色的产业，具有重要现实意义。

从洞庭湖的人文历史，便会惊奇地发现，洞庭湖人文之深厚，历史之悠久，它不但拥有我国传统文化的主旋律，同时具有丰富多彩的、与普通老百姓所喜闻乐见的传说故事和民间信仰。

洞庭湖的交通区位十分特殊，它起到了沟通东西、连接南北的作用。无论古往今来交通状况发生什么变化，南来北往、从东到西的人士几乎都要通过洞庭湖，而大凡在我国历史上具有较大影响的人物，尤其是文化人物，几乎都到过洞庭湖，他们或者为官，或者遭贬，或者流寓，都曾流连于洞庭湖，"迁客骚人，多会于此。览物之情，得无异乎？"

洞庭湖流域的文化现象成为其人文创作的独特环境，特别是面对现实社会问题形成的这一地域文化重实践、经世致用的务实学风，使得湖区的文化大师们不仅具有自强不息的品质，还养成了洞庭湖水域文化的奋斗精神。

前人曾用"挥毫当得江山助，不到潇湘岂有诗"来形容个人所处环境、心境与诗歌创作的关系，悲愤出诗人，贫穷而后工，正是洞庭湖浩浩汤汤的湖水拍打这些文人士大夫的心中块垒，激扬了他们的满腔豪情，使他们为时代讴歌，为国家民族呐喊，这就是洞庭湖的丰厚的文化底蕴。

阅读链接

传说，每年春节，洞庭龙王都要扮成凡人，来到凡间和老百姓一起过新年。

百姓知道只要是洞庭龙王一出现，就有金凤凰飞来，盘旋于洞庭湖之上。百姓本不认识龙王，但是只要看见金凤飞来，就知道龙王已经到来。

洞庭湖畔，神龙和金凤同时出现，龙凤呈祥的景象预示着来年将风调雨顺，五谷丰登。所以为了来年的风调雨顺，膜拜龙神的洞庭湖人就制作金龙，挨家接户舞龙灯，叫人们敬奉龙，求神龙保佑，祈求吉祥与幸福。

久之，新春正月初一至十五元宵节，挨家接户舞龙，亦成为洞庭湖地区的传统习俗流传至今，而随龙飞临的金凤凰，也在洞庭湖边落户下来，成了凤凰山。

水上长城——江苏洪泽湖

那是很久以前，有一个让人流连忘返的世外桃源，人们都靠自己的双手过着幸福的日子，但是却有一个因疏于劳作而过着贫苦日子的李老汉。

有一天，李老汉在屋子里发现了几只幼小的狐狸躺在被褥里，一

■ "洪泽湖"题刻

■ 洪泽湖早霞

个黑狐狸在旁边巡视，并充满敌意地瞪视着他。

　　他曾经听村里的老人们说过，狐狸有高强的法力，所以他一见狐狸心里就害怕，生怕狐狸给家里带来什么灾祸，就让家里人不许伤害狐狸，他还把屋子精心收拾了一下，只盼望小狐狸能快一点儿长大，然后离开他家。

　　没想到小狐狸们住得十分安逸，不想离开李老汉的家。后来，小狐狸们的胆子越来越大，起初都是偷着拿李老汉的食物，后来竟然敢跟老汉同桌共食，就像自己是这个家的成员一样。

　　冬日来临，老汉与妻子商量："狐狸们长住不走了，这可怎么办？咱们自己家都吃不饱，还要供应他们的口粮，咱们实在是吃不消啊！"

　　妻子说："狐狸有'千年黑，万年白'的说法，依现在看，那只黑狐狸道行一定很深，咱们不妨向它张个口，要些好处吧！"

　　当天晚上，黑狐狸率领小狐狸回来后，见老汉

世外桃源 典出晋朝大文学家陶渊明曾经写过的《桃花源记》，内容是描写晋朝湖南武陵有一个捕鱼人所遇到的奇事，就是发现了一个与世隔绝的地方叫桃花源，这里的人们生活都非常自由幸福。后借指与现实社会隔绝、生活安乐的理想境界，也指环境幽静生活安逸的地方。

■ 洪泽湖野生荷花

笑脸相迎，而且八仙桌上还有一锅炒得又香又脆的花生，还有一壶小酒，便大吃大喝起来。

等到酒过三巡后，老汉胆子大了，话也多了，他便对黑狐狸说："大仙也儿孙满堂了，在我这个方寸之地，不嫌狭小吗？为什么不另谋宅院呢？"

听完这话，黑狐狸变成一个黑须老人，说道："大房子好找，但是像先生这样的人可不好找啊！我的儿孙能过得安然舒适，全赖老先生的照顾呀！"

老汉又说道："可长此以往下去，老朽一家可能一日三餐都有问题啊！大仙，我一家只图个眼前快活，请大仙指点一条路，让我们也享受一下'朱门酒肉臭'的生活，我一家不会忘记您的大恩啊！"

老狐想了一下，点头道："打扰先生那么久，我心中也很愧疚，依先生所言，但请先生发迹以后，要广积善缘，才能消灾免难！"

老汉看大仙应允，连连点头称是。老狐在房中喝退左右，口中念念有词。一会儿，一个方形包袱从窗口飞进来，老狐取过包袱，让老汉打开，却是500两银子。老狐又说："在离这里20里的地方，有一个破院落，你用这些银子，将它买下来，自有好处。"

老汉眼睛发直地看着那500两银子说："有这500两银子足够了，不必去买院子了，就用它吧。"

老狐又道："不行，这500两是官府的银子，咱们只是借用一下罢了，以后是要还回去的，千万莫起贪心。"

老汉第二天去了，跟房主讨价还价，要用300两银子把破院落买下来。房主一开始不愿意，但房主当时只盼能尽快能将院子卖出，好卖了钱，去京城谋事，所以只好忍痛300两银子将房子卖给了老汉。

老狐听说老汉亏待了房主，心想只怕自此已种下祸根了。后来，老狐让老汉和他儿子到破院的四角去挖，竟然挖到四坛黄金。

老汉自此开始善待老狐一家，而他爱狐之名也远近闻名了，有上千只狐狸登堂入室。妻子对老汉说："这样下去可怎么好，这么多狐狸，终会把得来的黄金吃光的。你去打听一下，他们究竟最怕什么？去找

银子 指银元宝，外貌呈椭圆形或者为长方形，一般两耳高立，两耳中间面部凹下平坦洁白光润，底部有蜂窝，蜂窝口小洞大，深浅不一，分布自然，打击声音贯通一致，重量1750克左右，旧制十两及一两的小元宝，面部有"十"戳记。

069

阴柔之美

湖泊底蕴

■ 洪泽湖自然风光

■ 洪泽湖风光

钟馗 我国传统文化中的"赐福镇宅圣君"，他生得豹头环眼，铁面虬髯，相貌奇异。然而他却是个才华横溢、满腹经纶的人物，平素正气浩然，刚直不阿，待人正直，肝胆相照。春节时的钟馗是门神，端午时的钟馗是斩五毒的天师。是我国传统道教诸神中唯一的万应之神，要福得福，要财得财，有求必应。

来吓唬他们一下，只怕能奏效。"

有一天，老汉终于在被灌醉的老狐狸嘴里问出来了，原来东南边有一户人家，收藏了一幅《钟馗图》，沾了点仙气，所以可以管理人间的妖狐鬼怪。

数天后，老汉就去找那幅画了。终于在一个柳林深处找到了那户人家。老汉与画的主人商议好长时间，画的主人也只是答应借出一段时间而已。

回到家，老汉想试试画是否灵验，待众狐睡下后，他取出画挂到中堂上了。夜到三更时，便听到喊杀声震天，老汉一家恐惧之极，只得缩身被窝内。等到喊杀声没有之后，第二天早上才敢查看，只见血流成河，不由心底一阵恶心，只叫人快快清理。

自那天晚上后，老汉经常精神恍惚，入夜都不能睡，每到三更时便见一黑须老人，手捧断臂，咬牙切齿道："你杀我千口儿孙，此仇不报，枉为狐也！"

黑须者正是那侥幸未死的老狐，它日思夜想着报仇，一日它乘机窃取了观音菩萨的水壶，来到老汉家的上空，照着老汉家的村庄就倒了下去。

顿时，人间洪水暴发，不仅老汉一家全淹了，还冲出了一个方圆1800平方千米的大湖。因为观音大士水壶中垢渍较多，湖水便不够清澈，后人便称这湖叫作洪泽湖。

老狐见闯了大祸，忙去归还茶壶，并请求降罪。老狐正好遇到了护山大神，被大神一把抓住，交给了观音菩萨处理。

观音大士见老狐断着手臂，十分凄凉，但老狐给当地生灵造成了无穷灾难，便罚老狐在湖畔守湖，永远看护湖面，确保一方水土平安。就有了后来洪泽湖的鱼米之乡，有了四方乡民的富足安乐。

就因为当地人们非常安乐，洪泽湖在古时候就享有盛名。洪泽湖在江苏洪泽的西部，是我国第四大淡水湖，是淮河流域最大的湖泊。

观音菩萨 又作观世音菩萨、观自在菩萨、光世音菩萨等，从字面解释就是"观察世间民众声音"的菩萨，是四大菩萨之一。他相貌端庄慈祥，经常手持净瓶杨柳，具有无量的智慧和神通，大慈大悲，普救人间疾苦。

阴柔之美

湖泊底蕴

■ 洪泽湖上风帆

■ 洪泽湖风光

隋炀帝杨广

（约569年—618年），一名英，小字阿么，隋朝第二代皇帝。他在位期间修建大运河，开通永济渠、通济渠，加修邗沟、江南运河，营建东都并迁都洛阳城，开创科举制度，亲征吐谷浑，三征高句丽，有一定政绩，但是因为滥用民力，造成了天下大乱。

洪泽湖湖面辽阔，资源丰富，历史悠久，既是淮河流域的大型水库，又是渔业、畜牧业的生产基地，素有"日出斗金"之美誉，堪称镶嵌在苏北平原上的一颗灿烂明珠。

在隋朝时，隋炀帝杨广下江南，其时正值大旱，行舟十分困难。当龙舟经过破釜塘时，突然天降大雨，水涨船高，舟行顺畅。

隋炀帝杨广大喜，自以为洪福齐天，恩泽浩荡，于是便把破釜塘改名为洪泽浦，洪泽之名由此而来。

唐朝时，洪泽全境处于泗州与楚州交界的地方，东部属于宝应县、山阳县；南部属于盱眙县；西部属于徐城县、临淮县；北部属于淮阴县。最后，到了唐朝后期，于是改称洪泽湖。所以洪泽县是借湖而得名，这个名字一直沿用。

洪泽湖形成的自然因素，是地壳断裂形成的凹陷，其实在唐宋以前的洪泽湖只是一个小湖群，包括富陵湖、破釜塘、泥墩湖、万家湖等，后来逐渐才形成一个大湖的。

有说是黄河夺淮形成洪泽湖的客观因素。在1128年和1194年，黄河决口分道，分为了阳武至梁山泊南北二支，南支流与泗水汇合，北支流与淮河汇合，这就是黄河改道的开始。

1855年，黄河向北迁徙，由利津入海，黄河夺淮长达近700年之久。由于黄河居高临下，倒灌入淮，黄淮合流，流量增加，水位抬高，将富陵湖、破釜塘等大小湖沼、洼地连成了一片，便汇聚成了大湖。

有说洪泽湖大堤是洪泽湖完全形成的人为因素，也是决定性因素。因此，洪泽湖被称为人工湖。洪泽湖大堤北起淮阴区码头镇，南到洪泽县蒋坝镇，全长67千米，全部用石料人工砌成。大堤始建于东汉建安年间，至清乾隆年间方建成。

洪泽湖大堤的筑堤成库规划和直立条式防浪墙坝

泗州 是一个存在于北周到清朝之间的历史地名，辖地大概在后来的泗县、盱眙、明光、泗洪一带。最后的州城在后来的泗县城。泗州城虽然地势低洼，原称泽乡水国，但由于水陆交通发达，系中原之咽喉，南北之要冲，其政治、经济、文化、军事地位十分重要。

■ 冬日洪泽湖

■ 洪泽湖湿地

陈登 字元龙，东汉末年广陵太守。他少年时有扶世济民之志，并且博览群书，学识渊博。25岁时，就任县令，他体察民情，抚弱育孤，深得百姓敬重。后来，他亲自考察徐州的土壤状况，开发水利，发展农田灌溉，使汉末迭遭破坏的徐州农业得到一定程度的恢复。

的工程技术代表了当时世界的最高水平。洪泽湖大堤始建于1800多年前，有着"水上长城"的美誉。

据史料记载，200年，广陵太守陈登筑高家堰15千米，以防淮水东侵，高家堰便是洪泽湖大堤的萌芽。南宋时发生黄河夺淮，直至1579年，河督潘季顺实行"蓄清刷黄"政策，即将高家堰加高并向南延伸30千米，便形成了洪泽湖大堤。

从1581年，洪泽湖大堤就开始增筑直立条石墙护面，历经明清两代171年，使用千斤条石6万多块，达60万立方米以上，且规格统一，筑工精细，充分展示了我国古代水利建设的高超技艺。

洪泽湖大堤不仅保护着下游地区的万顷良田和千百座村镇，而且拦蓄的丰富水源为航运、灌溉等提供了便利。据民间传说，大堤每一弯都有梁山中一位好汉值守，时刻提防滔滔湖水为害下游的人们。

洪泽湖位于江苏的西北部、苏北平原中部西侧、淮安与宿迁两地境内。南望低山丘陵，北枕黄河，东临京杭大运河，西接岗坡状平原，西纳淮河，东泄黄海，南往长江，北连沂沭，淮河横穿湖区，为淮河中下游结合部。

洪泽湖发育于淮河中游的冲积平原上，原是泄水不畅的洼地，后来因蓄水形成许多小湖。洪泽湖是一个浅水型湖泊，水深一般在4米以内，最大水深5.5米。湖水的来源，除大气降水外，主要靠河流来水。流注洪泽湖的河流集中在湖的西部，有淮河、濉河、汴河和安河等。

洪泽湖水生资源丰富，湖内有鱼类近百种，以鲤、鲫、鳊、青、草、鲢等为主。洪泽湖的螃蟹也是远近驰名的。洪泽湖小龙虾属虾中佳品，其个体大，肉质鲜嫩，受到各地人们的青睐，尤其以"盱眙龙虾""洪泽湖清水小龙虾"驰名。

此外，洪泽湖的水生植物非常著名。芦苇几乎遍布全湖，繁茂处连船只也难以航行。莲藕、芡实、菱角在历史上都素享盛名，曾有"鸡头、菱角半年粮"的说法。

历史悠久的洪泽湖，给人们留下了很多宝贵景点。甘泉般的湖水，养育着千百万人民。湖内既有

濉河 古称濉水，上承大梁的鸿沟水，下至小河口入泗水，源远流长，累受黄泛侵夺，河道多变，上游夏邑以西，下游浍塘沟以东，故道后湮废。宋代苏东坡就任徐州知府时，在白沟水上建闸防洪，又改称闸河。由江苏徐州黄河故道发端的龙河、岱河、闸河，自北向南汇入濉河，丰富了濉河水源。

075

阴柔之美

湖泊底蕴

■ 洪泽湖上的船只

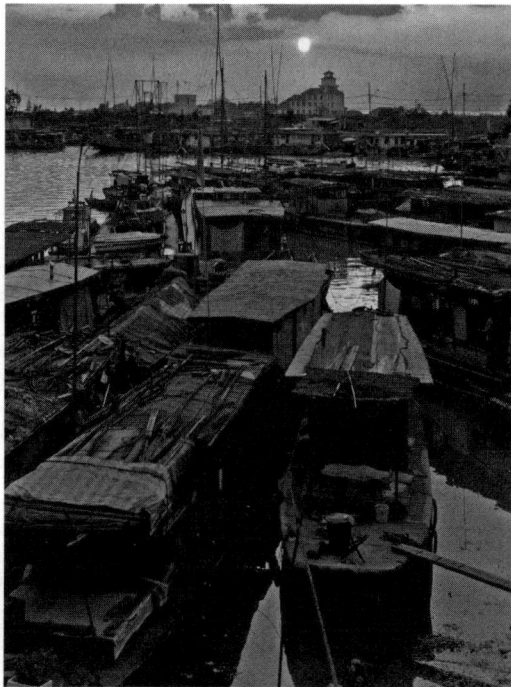

蒋坝 始建于明代万历年间，位于洪泽湖东岸，坐落在洪泽湖古大堤的最南端。蒋坝因湖兴镇，为历代治水官员驻扎之地。这里商业十分发达，外地客商云集，有"十里听响，五里停舟"之称。蒋坝1700多年的历史，留下先人治淮的众多古迹，蕴藏着丰富的农耕文化和水文化的内涵。

■ 洪泽湖景观

鱼鳖虾蟹，又有鸡鸭鹅鸟，还有各种各样的水生植物。

广阔的湖面，时而波涛滚滚，大浪排天；时而风平浪静，湖水如镜。极目远眺，白帆点点，机声隆隆，南来北往的运输船队，川流不息，左右穿梭的渔船，鱼肥舱满，争相辉映，构成了一幅美丽动人的图画。

有着1800年历史的防洪屏障，宏伟的土堤，壮观的石墙，青翠的绿柳，远远望去宛如一条移游欲飞的巨型青龙的百里长堤。

洪泽湖的汛期水深、风疾、浪大，直接威胁着湖中渔民的安危。湖东岸原有蒋坝、高良涧两座避风港。

随着水运的发展，当时加固洪泽湖大堤时，增建了九龙湾、夏家桥、周桥3座避风港，后来又在洪泽湖心建了一座避风港，另加3座船闸，共有9处可供渔

■ 洪泽湖火烧云

民避风之用。这些避风港，四周皆用石块砌成，安全系数较大。

船泊其中，在船头仰视，俨如数十仞之城墙；港坞外，浪花飞雪腾湖面，百里狂涛撼大千。出航时，千篙拨得烟霞乱，万里航行捷足先。仔细观看，品味无穷，别有一番景象。

位于洪泽湖东岸的三河闸、二河闸、高良涧、进水闸之间的泄洪大闸，全都承担洪泽湖泄洪重任。闸身雄伟壮观，作用非凡无比。蓄水时，固得天池挂碧空，烟波浩渺有无中；泄洪时，滔滔巨浪归江海，滚滚狂涛走巨龙。

在洪泽湖的南岸，淮河入湖处的老子山，古称丹山，相传我国道家学派创始人老子曾在此炼丹，故而得名曰老君遗踪。直到后来山上还有炼丹台、青牛蹄迹和凤凰墩等。古人曾用这句话来形容：

> 石上青牛留足迹，炉中红火照仙颜，
> 洞存石镂去崖处，凤起山冈霄汉间。

龟山位于老子山南侧，山形如龟，为历代兵家必争之地，古称龟山镇，为秦汉以来历史名镇，留有夏禹治水之遗迹。

■ 洪泽湖湿地

端阳节 每年农历五月初五，又称端午节、午日节、五月节等。端午节起源于我国，最初是我国人们用以祛病防疫的节日，后来传说爱国诗人屈原在这一天去世，也同时成了纪念屈原的传统节日。端午节有吃粽子、赛龙舟、挂葛蒲、菖草、艾叶、薰苍术、白芷、喝雄黄酒的习俗。

清末时山上有寺庙12座，还有建筑宏伟的洪泽都司署。龟山镇在清代为清河县，是南陲重镇，扼立于淮河入湖口处，是淮运分流的天然鱼嘴，孤峰峙立，砥柱中流。登山纵目，千里长淮，八方烟雨，尽收眼底。

龟山上有很多古迹，如安淮寺、水母井、古银杏树、淮渎碑、名人石刻等，都被人们保护下来了。

明祖陵位于洪泽湖南岸，是明朝开国皇帝朱元璋的高祖朱百六、曾祖朱四九、祖父朱初一三代陵墓，始建于1385年，用了将近28年的时间才完成，清康熙19年时被大水淹没。

后来洪泽湖水位枯竭，祖陵的正殿、神路相继露出，石刻雕群经维修后，恢复了原来的面貌。

每当黎明之际，来到临淮头，站在防洪大堤上，极目东眺，一轮红日从碧波如镜的湖面上冉冉升起，那灿烂朝霞，闪耀金波，捧出即将出浴的金娃，摇晃于水盆之中，此情此景，较之泰山观日有其独特的韵味。

临淮头地处泗洪县城东南，为洪泽湖北岸之半岛，三面临水，古时为临淮郡志，四面圩堤环抱，像一颗璀璨明珠漂浮在碧波万顷的湖面上。

洪湖之滨，半城之阳，地居高岗，迎湖遏浪，墓隐丹枫，塔耸碧云，花草松柏，四季常青，每当清明祭扫，人群络绎不绝。

据史料记载，历史上洪泽湖大堤多次溃决，仅明清两朝，就决口140余次。当时清王朝除广集民工修筑外，决定铸造铁牛，以期镇水，去除洪灾。

1701年，大司马张遂宁等，于端阳节午时在高良涧开始铸造铁牛，铸成后的铁牛分置在洪泽湖大堤各危险要段。张遂宁铸造九牛，是用以镇水的，所以就

安淮寺 始建于1018年，是金臂禅师所创，原址在龟山，当时名叫龟山寺。元朝末年，龟山寺受到严重破坏。直至道光年间，寺庙才得以重建，人们将新落成的寺院命名为安淮寺，含有淮水安澜之意。

■ 洪泽湖上的飞禽

■ 镇水铁牛

楷书 汉字字体，就是通行的汉字手写正体字，也叫正楷、真书。楷书是从隶书逐渐演变而来，更趋简化，字形由扁改方，笔画中简省了汉隶的波势，横平竖直。楷书的特点在于规矩整齐，是字体中的楷模，所以称为楷书，后来一直沿用。

被称为洪泽湖镇水铁牛。

铁牛由生铁铸成，后来除牛角均已残缺以及部分铭文锈蚀外，其余保存较为完好。铁牛身长1.70米，宽0.57米，高0.68米，有厚0.07米的一块铁板与牛身铸为一体，共重约2.25吨。

牛身肩肋处铸有阳文楷书铭文，后来人们从铭文得知，铁牛是用来镇水的。铭文道：

惟金克木蛟龙藏，惟土制水龟蛇降。
铸犀作镇莫淮扬，永除错垫报吾皇。

铸造的铁牛，牛身略小于真牛，腹部有铸词，已有300多年历史。古人以金、木、水、火、土五行相克的哲学思想，立"九牛二虎一只鸡"于大堤之上。

后来是虎归森林，鸟飞远去，只有憨厚的铁牛与洪泽湖朝夕相伴，可惜仅存5头了。其中两头在蒋坝三河闸管理处，两头在公园和高良涧进水闸，一头在淮阴高堰。

洪泽湖是一座有别于长江四大自然湖泊的巨型人工水库，它是先民抵御"黄淮并涨"和实施"治河保运"治水方略的伟大工程。由于湖区地貌为西北向东南倾斜，万顷湖水全赖湖东一线长堤挡住。没有古堤，也就没有"古为今用"的洪泽湖。

在治淮以前，洪泽湖汪洋一片，既无固定湖岸，又无一定形状。人们参照对淮河的治理，对洪泽湖也进行了整治。

洪泽湖的千年古堤就是历代为治水而建的，与都江堰齐名，几乎全用玄武岩的条石砌成，蜿蜒曲折有一百零八弯之说。

远远望去，宛如一座横亘在湖边的水上长城。是捍卫洪泽湖大堤东侧数千万人口和生命财产安全的一

阴柔之美

湖泊底蕴

■ 洪泽湖端午龙舟比赛

道重要屏障。洪泽湖的湖面辽阔，资源丰富，类型多样，开发历史悠久，因此，洪泽湖是真正的"日出斗金"之湖。

洪泽湖的整个形状很像一只昂首展翅欲飞的天鹅。由于洪泽湖发育在冲积平原的洼地上，故湖底浅平，岸坡低缓，湖底高出东部苏北平原4至8米，成为一个真正的"悬湖"。

洪泽湖是我国五大淡水湖之一，它是先有堤后有湖，因兴修高家堰，就是洪泽湖大堤，逐步淹没城镇河泊而形成的世界上最大的人工湖。

在人类历史上，有过许多著名的大型水利工程，但就其修筑和使用年代之长久、规模之宏大、影响之深远而言，它在我国乃至世界上是无与伦比的。

洪泽湖是明清两代"蓄清刷黄、治河保运"治水方略的产物，它创造了世界上最长水坝的纪录，其直立式条石挡浪墙和滚石坝建筑在水工技术上处于当时世界前列，是人和自然共同成就的典型杰作，亦是洪泽湖历史遗产的精华所在，开创了水利事业的辉煌。

阅读链接

传说孙悟空大闹天宫后，偷吃了太上老君仙丹。太上老君无奈，只得避开孙悟空，驾云头直往西去，想找安静地方炼丹。

太上老君站在云头看到下面有一座青山，正是洪泽湖南岸的老山，正好又有一个山洞。

孙悟空急得到处找太上老君要仙丹，后来他驾起云头直往西追去，看到洪泽湖南岸有一座大山，他就降落下来，在山南坡看到了仙人洞，就钻进去了。太上老君看到孙悟空，连忙把仙丸装到葫芦里就往天上飞去。

眼看仙丹就要被孙悟空夺走，太上老君一气之下打破葫芦，仙丹都落到了洪泽湖里，鱼、虾、蟹都争着来吃仙丹。从那以后，洪泽湖里的鱼虾，肉鲜味美，可口好吃，远近闻名。

我国地域幅员辽阔，千姿百态的溪水清泉，不仅给人们提供了理想的水源，美化了秀美的山川景色，而且有的还具有神奇的医疗作用。

有的温泉，四季如汤；有的冷泉，刺骨冰肌；有的承压水泉，喷涌而出、飞翠流玉；有的潜水泉，清澈如镜、汩汩外溢；有的喷泉，腾跃而起、水雾弥漫；有的间歇泉，时淌时停，含情带意。

这些美丽的溪水清泉，不仅外在充满迷人美丽，充分体现了水韵精华，内在更加具有文化内涵，充满了丰富的文化历史底蕴。

水韵精华

溪泉灵性

银苍玉洱——云南洱海

很久以前，洱海边有一间茅草房，里面住着一户渔家，靠长年累月出海打鱼度日。

那时候，洱海里有条大黑妖龙，为非作歹，不时掀起巨浪，打翻渔船，危害乡亲。渔民们有海不能进，有船不能划，有鱼不能捕，只

■ 俯瞰洱海全貌

■ 洱海风光

好将渔船晒在海边。

观音看到这情况，就从天空中扔下一只闪闪发光的金盆子。盆子上面系着一条金链，就用这条金链子捆住大黑龙，把它镇在了海底。

从此，金盆在洱海里变成一颗定海明珠，人们叫它金月亮。每到天上的月亮从东方升起的时候，洱海底的金月亮也发出耀眼的光芒。这就是有名的洱海月。

后来，有个渔夫进海打鱼，一网撒进海底，收网时，沉甸甸的越拉越重。渔夫好生奇怪，便使劲猛拖。拖出一条金链子来，金链子越拖越多，这时，渔夫想到老人们一直说的故事，才感到不好，心想：这东西不能取，取了它，洱海就没有光，黑妖龙又得作怪了。他便赶紧把它放回海里。

渔夫回到家后，就把这桩事告诉了村里人。不料，一传十，十传百，很快就传到了朱财迷的耳朵里。朱财迷家财万贯，但他贪心不足，马上派人把渔夫找来，要渔夫带他去找金子。但是左说右说，渔夫就是不依。

朱财迷干脆翻脸，叫人把渔夫吊在梁上，狠狠地毒打，打得渔夫皮开肉绽，最后只能依从。随后，朱财迷派人到四处找来木匠，造了3艘大船，逼迫村里的船手为他撑船，准备进海打捞金子。

打捞那天的一大清早，朱财迷烧香拜佛，祷告完毕，才让全家人登船入海。船刚划到海中间，渔夫指着说"就在这里。"朱财迷一听，马上下令"打捞！"左捞右捞，都捞不着。

朱财迷心急如火，把船手一个个撵进水里，叫他们潜入水底打捞。果然，不久就捞到了。一串金链子装满了一船又一船，3艘大船装得满满当当，还装不完。

朱财迷因贪财成性，还一直叫人继续拉，最后一下拉动了黑妖龙。黑妖龙疼痛难耐，顿时掀起巨浪，把3艘大船翻入海底。船手们靠水性好，才游出海，唯独朱财迷一家老小，活活淹死在洱海里。

自此以后，观音老母看清了财主的黑心肠，于是她拿出金针银线，不分白天黑夜地绣了3个月零3天，绣出一幅美丽的花手帕来。待到更深夜静，她悄悄地驾着云彩，用绣花手帕把金月亮盖住了。从此，金月亮只能映照海底，不再亮出海面了。

■洱海风光

■ 洱海游船

洱海其实早在汉代就已经名载史册了。西汉的时候，北方的匈奴时时威胁着中原的安宁，汉武帝集中兵力常年与匈奴作战，使人力和物力都耗费过大。

武帝为此寝食难安，希望能联络西域的大夏国，也就是阿富汗，来夹击匈奴，以除心头之患。可怎么联络大夏国呢？

正在武帝大伤脑筋时，张骞出使西域归来，献上了他从大夏带回的"蜀布"、"邛竹杖"等西南物产。

武帝一见顿时高兴起来，说："蜀布、邛竹杖乃西南物产，今从大夏带回，定是由今天的印度运去。因此从西南必有通往大夏的路。"当即便下令派使臣前往"西南夷"去寻找道路。

使臣兵分几路进入四川、云南地区。其中一部分翻过横断山脉，在洱海地区被强悍的"昆明族"阻

匈奴 是个历史悠久的北方游牧民族，祖居在欧亚大陆，他们披发左衽，是古北亚人种和原始印欧人种的混血儿。我国古籍中匈奴是汉朝时称雄中原以北的强大游牧民族。匈奴在《史记》《汉书》等等史籍都有记载。

西南夷 是汉代对分布于云南、贵州、四川西南部和甘肃南部广大地区少数民族的总称。诸族经济发展不平衡，夜郎、靡莫、滇、邛都等部族定居，主要从事农耕；昆明从事游牧；其余各族或农或牧，与巴蜀有商业来往。

挡，无法前行，就只有留居下来。

这期间，他们对当地有了较深的了解。回到长安后，将滇池地区宜人的气候、肥沃的土地和丰富的物产等，一一禀报给武帝。

武帝决定发兵征伐"西南夷"。但是，据从滇池地区归来的将领们说，"西南夷"势力强大，且熟识水战，而中原士兵不擅长水战，征伐之举必将受阻。

公元前120年，汉武帝就因为使者受阻于昆明族的事，征调人力在首都长安开凿一个人工湖，称之为"昆明池"，并修造有楼的大型战船，专供士兵操练水战使用。解决了水战的阻碍后，汉军征伐"西南夷"就由被动变成了主动。

公元前109年，武帝派将军郭昌进入昆明境内，先征服滇池东北方面的其他部落，然后大军临滇。滇人见大势已去，不得不降服于汉朝。

■ 洱海鸥鸟

■ 洱海朝霞

汉武帝一方面在滇中心区域设立益州郡，一方面又封其统治者为"滇王"，并赐滇王金印一枚。这标志着从此云南地区接受了中央王朝的统治。

这段"汉习楼船"的典故却永留在西汉史学家司马迁的《史记》中。后来，清乾隆皇帝因景仰汉武帝的功业，把北京颐和园的西湖也改名为"昆明湖"。

"汉习楼船"是享誉中外的昆明大观楼长联中的一句，是作者追忆云南所发生过的重大历史事件中的第一件。

后来明代诗人冯时可在《滇西记略》中赞美大理四大名景之一的"洱海月"说：洱海之奇在于"日月与星，比别处倍大而更明"。

如果在农历十五，月明之夜泛舟洱海，月亮就格外地亮、格外地圆，景色真是令人心醉。水中，月圆

冯时可（1541年—1621年），字元成，号文所。他出生于松江华亭，是明隆庆五年进士，他本是首辅张居正的门生，却不肯附和张居正的权势，因此并不受张居正的重用。他一生淡泊名利，著述甚富，文学造诣颇高，是晚明文学"中兴五子"之一。

■ 洱海水中树

杨奇鲲（？—883年），鲲又念混、胚。白族，唐代南诏著名诗人。曾任宰相。在唐中和三年，曾奉命赴成都，迎唐安化长公主嫁南诏王隆舜，被僖宗赐死。一生诗作甚多，后仅存《游东洱河》《岩嵌绿玉》两首。

如轮，浮光摇金，天空，玉镜高悬，清辉灿灿，仿佛刚从洱海中浴出。看着，看着，水天辉映，你竟分不清是天月掉海，还是海月升天。

洱海的西面有点苍山横列如屏，东面有玉案山环绕衬托，空间环境极为优美，"水光万顷开天镜，山色四时环翠屏"，素来有"银苍玉洱"、"高原明珠"之美称。不知有多少文人雅士写下了对其赞美不绝的诗文。

南诏清平官杨奇鲲在其被收入《全唐诗》的一首诗作中描写它"风里浪花吹又白，雨中岚影洗还清"；元代郭松年《大理行记》又称它"浩荡汪洋，烟波无际"。凡此种种，不胜枚举。

洱海气候温和湿润，风光绮丽，景色宜人。洱海的岛屿、岩穴、湖沼、沙洲，林木、村舍，各具风采，令人赏心悦目。

古人将其概括为"三岛、四洲、五湖、九曲"。

三岛：金梭岛、玉几岛、赤文岛；四洲：青莎鼻洲、大鹳淜洲、鸳鸯洲、马濂洲；五湖：太湖、莲花湖、星湖、神湖、渚湖；九曲：莲花曲、大鹳曲、潘矶曲、凤翼曲、罗莳曲、牛角曲、波曲、高莒曲、鹤矗曲。

其中三岛的金梭岛，在大理海东乡西南，洱海之中，距洱海东岸250至600米，西岸与七里桥乡罗久邑隔海相望。

岛形两端较高阔，中部较狭，犹如漂浮海面的葫芦，更像一只织布用的梭子，故名金梭岛。但是在我们看来，与其说它像梭子，不如说它像棒槌更贴切。

全岛岩石裸露，中间夹小片土地。梭岛是洱海里最大的岛屿，南诏时称它为中流岛，白族话则叫它"串诺"，意思就是海岛。

据唐使樊绰《蛮书》记载，南诏时曾在岛上西边临港湾的地方建了一座舍利水城。这里与南诏王都太

■ 洱海上的岛屿

■ 洱海双廊玉几岛

段思平（893年—944年），大理国的缔造者。先世移居云南，融入白蛮，世代为南诏大臣。在南诏国时期段思平祖上虽然是武将世家，威名显赫，但是到段思平出生时，家道中衰，已成为没落贵族。后因武艺超群，才干出众，被升为统辖一方的大将。937年，建立大理国，建元文德，定都大理。

和城隔水遥遥相望，视野开阔，景致优美，成了南诏王族的避暑胜地。过去有人还在废墟上捡到南诏有字瓦和布纹瓦。

金梭岛是由石灰岩构成的岛屿，传说是观音菩萨背来的一块巨石。岛上溶洞有好几处，其中最长的一处有500多米，洞内有钟乳石，贯通东西岸。

玉几岛也是洱海三岛之一，位于洱海西面，古诗中也叫工几岛、天生营，有"苍洱第一村"的美誉，因岛上有玉几庵而得名。

玉几岛汇聚着灿烂辉煌的南诏文化和丰富神秘的民俗风情，可纵览壮丽雄奇的苍洱风光，这里有唐代大理开国皇帝段思平之妻杨桂仙的故居，是目前大理最富感动的地方。

站在玉几岛上，远眺苍山19峰，近观岛曲秀丽景色，俯视洱海碧水清波，一幅壮美秀丽的自然美景图尽收眼底，实在令人心旷神怡。

赤文岛是洱海四洲三岛中的一个半岛，俗称鹿峨山。赤文岛位于洱海东岸挖色和康廊两个古老的白族村寨之间。据说很久以前该岛是个四面环水的岛，后来随着时间的推移，洱海水位下降才逐渐变成半岛。

从南边海印渔村附近眺望赤文岛，像一只浮游于碧水中的大海龟；如果从挖色坝子东部的三峰山眺望，则像一只猛虎横卧在海浪滔滔的岸边。

被称为赤文岛，主要是因为该岛南岸怪石嵯峨的礁崖下有一个偌大的白鱼洞，洞上方的石壁上天生有红色文字模样的花纹，所以文人们才把此岛称作赤文岛，后来就一直被使用。

此外，洱海月之所以著名，还在于洁白无瑕的苍山雪倒映在洱海中，与冰清玉洁的洱海月交相辉映，构成银苍玉洱的一大奇观。

洱海历史上有"享渔沟之饶，据淤田之利"的记载，三角洲东西两侧有浅湖湾，是鱼类繁衍生息的场

■ 洱海小普陀

魏武帝 （155
年—220年），曹
操，东汉末年杰
出政治家、军事
家、文学家、书
法家。担任东汉
丞相，后为魏王。
曹操精兵法，善
诗歌，抒发自己
的政治抱负，并
反映汉末人民的
苦难生活，气魄
雄伟，慷慨悲
凉；散文清峻整
洁，开启并繁荣
了建安文学，给
后人留下了宝贵
的精神财富，史
称建安风骨。

所，历来水产丰富，当地称为"鱼土锅"。

据《西洱海志》云：

> 洱海鱼族颇多，视他水所出较美，冬卿
> 甲于诸郡。

魏武帝四时食制曰："滇池纫鱼，冬至极美。"

洱海古称叶榆泽，还有西洱河、西洱海、昆涨川
等名称，共达8种之多。因早期居住在这一带的昆弥
族而得名。又说因湖形似人耳，故名洱海。

洱海北起洱源县江尾乡，南止于大理下关，首尾
怀抱点苍山云弄、刹阳二峰之麓，源头出自鹤庆西
南，北纳西洱河，东容波罗江、玉龙江、凤尾阱，西
汇弥直河、苍山十八溪，形成了南北长约40千米的大
湖。湖面海拔2千米，堪称云南省著名的高原湖泊。

清澈的湖水从下关的西洱河流出，汇合漾濞江，

■ 洱海

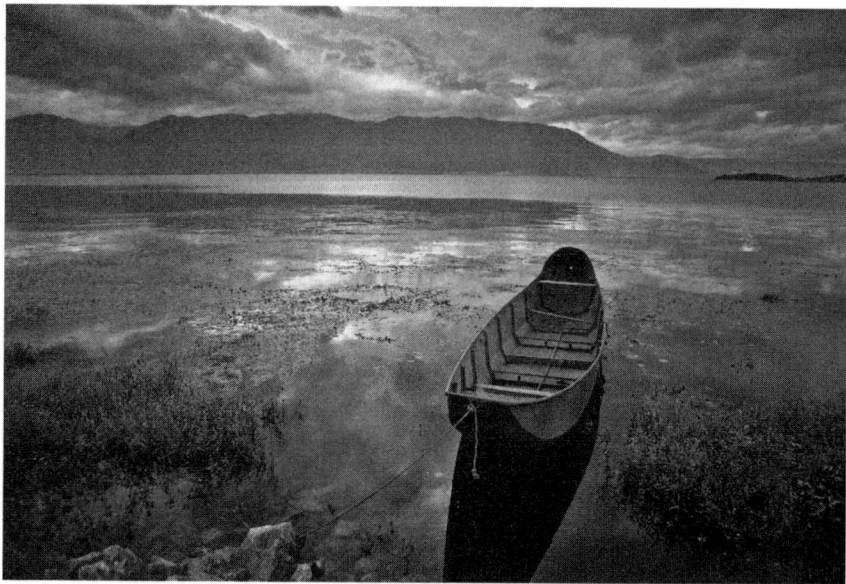

■ 洱海风光

注入澜沧江，属澜沧江水系。洱海的面积虽然比滇池小，但它的蓄水量却是滇池的2倍。洱海是断层陷落湖，地壳运动后形成断层陷落盆地，最后汇集了周围流水而成湖泊。

洱海西边与富庶的湖滨平原相连，平畴绿野，村落星布，东面紧傍鸡足山，由于洱海的长期侵蚀、切割，出现了陡峭的侵蚀性湖岸，断崖、岛屿、礁石、岩洞、港湾，迂回曲折，富于变化。

洱海是大理的主要风景资源，也是白族祖先最主要的发祥地。后来，在洱海及其周围的山坡台地上所发现的新石器时代遗址共达30多处。海东金梭岛就是一个著名的新石器遗址。

后来又发现双廊玉几岛也是新石器时代和青铜器时代的重要遗址，除了出土大量生产生活用的石器、陶器之外，尚有青铜器山字形格剑、铜柄铁刃剑，以

新石器 经磨制磨光石斧及装柄方法工序而制成的，具一定形状和功用的石器。人类使用新石器，相对于过去所用的打制的旧石器而言是一个进步。新石器一直使用到铜石并用时代及青铜器时代。有些地区直到18至19世纪仍在使用某些磨制石器。

洱海海鸥

及铸造这些兵器的陶范。由此可以推断它或许还是古代白族先民冶炼铸造青铜器直至铁器时代的生产基地。

在这里每个时代都有历史的遗留，似乎可以听到白族祖先从蒙昧时代步步走向文明的足音。因此，也可以说：洱海是白族的摇篮。

以前的洱海风景优美，景色宜人，如同一位亭亭玉立的仙女。早晨，明媚的阳光洒在清澈的洱海上，使蔚蓝的海水变得波光粼粼，像撒满金子一样，闪烁着星星点点的光斑；中午，渔民们划着小船荡漾在洱海上捕鱼，船桨划破静静的湖面，荡漾起一串串细小的波纹，就像一位仙女正在舞动着她婀娜的彩裙；晚上，皎洁的月光映在洱海上，洱海仿佛蒙上了一层层晶莹的轻纱。

阅读链接

传说洱海里有一条凶恶的大黑龙，丢失了一件珍贵的宝物，到处都找不到，一怒之下，把洱海的海尾堵了起来，洱海里的水不能流到外面去，一天天涨了起来。淹死了很多百姓，连黑龙桥也被大水漫过了。

人们想了很多办法都没有治服大黑龙。后来出现了一条小黄龙，小黄龙治服大黑龙以后，人们为了纪念小黄龙，就给小黄龙盖了一座龙王庙，还在大理三塔寺旁边的绿桃村，修了一座龙母祠，并且把小黄龙奉为本主。

百泉争涌——七十二名泉

传说那是在很久以前，有一人做了个乘船漂游仙境的梦。他在醒来以后，竟然忘了那条船停在了什么地方。他一心想找到船然后乘着船去仙境，就急忙离开家，云游四方去了。

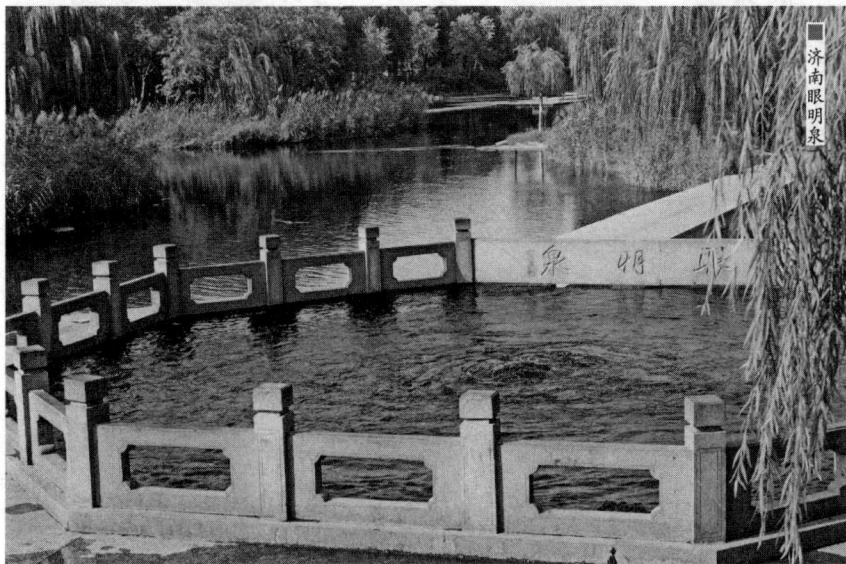

济南眼明泉

有一天，他沿着黄河来到济南，忽然觉得有一种似曾相识的感觉，他很快想起来了，这里就是他梦中的那条船。他使用法术，围着济南转了3圈，总算找到了船头、船尾和船身。于是，他选了一个良辰吉日，要把济南这条大船开走。他在济南西门外一个小店里住下，就等良辰吉日那一天的到来。

这家小店的主人，是一个父母早亡、无亲无故的小伙子。他为人憨厚热情，开个小店，也就是为了维持生计。这天夜里，他也做了一个梦，梦见一位老人，满头银发，仙风道骨，很认真地问他："小伙子，你喜欢济南吗？"

小伙子说："老人家，济南是俺的家乡，俺怎么能不喜欢呢？"

老人说："小伙子，住在你店里的那个人已查出济南是一条停着的神奇大船，他想把船开到仙境去，你愿意吗？"

小伙子急忙摆手说："那可不行。"

湖泊泉瀑与历史文化

济南墨泉风光

老人说："那你就挡住他吧！"

小伙子急忙问："怎么才能挡住他呢？"

老人说："你既不能把他赶走，又不能伤害他，怎么挡法，动动脑筋想想办法吧！"老人说完就不见了。

小伙子一下惊醒了，原来是一场梦。他睁大眼睛一看，床前直立立站着一根烧火棍。他觉得蹊跷，这烧火棍是从哪里来的呢？他翻身下床，拿起烧火棍，左看看、右看看，也没看出有什么端倪来。可是怎样才能挡住那个人，不让他把济南这条大船开走呢？他想来想去，也没想出好办法。

■ 漱玉泉

这时候，天刚蒙蒙亮，那个人从客房里走出来，对他说："店主人，我要走了，结账。"

小伙子收了店钱，他知道这个人要去开济南这条船了。小伙子手里拿着那根烧火棍，急得团团转。他想，难道就让他把船开走吗？绝对不行！

小伙子急得用烧火棍敲地，忽然觉得鞋湿了，他低头一看，地下被烧火棍戳了个大窟窿，正呼呼地向外冒水呢！小伙子眼睛一亮，心里想，对呀！船里有了水不就开不走了吗！

接着，小伙子拿起烧火棍就跑出门外，他跑一段就戳一个窟窿，每一个窟窿都变成了咕咕嘟嘟往外冒水的泉眼。船漏了，就凭那个人

■ 济南五莲泉

《名泉碑》济南原有镌于金代72个名泉名称的《名泉碑》，习称为"金《名泉碑》"。后来碑虽不存，但元代于钦撰著《齐乘》却予以收录，并注其所在，并流传至今。

鲁桓公（？—前694年），姬姓，鲁氏，名允，一名轨。鲁国第15代国君。由于他是惠公正室夫人仲子所生，所以被立为太子。于公元前711年即位，公元前694年死于齐国，在位18年。

再有本事，也不能把济南这条大船开走了。

后来，人们知道了这件事，便数了数，小伙子用烧火棍整整戳了72个窟窿，冒出来的水又清又亮，没日没夜地向外冒着，于是，人们就叫它七十二泉，并归纳为济南的四大泉群，分别是趵突泉、珍珠泉、黑虎泉、五龙潭。

传说只是一个美丽的故事而已。其实，历史上曾被列为72名泉有110处泉，后来可查的有70处左右。历代济南七十二泉，和"七十二行"，"七十二变"一样，是泛指数量多的意思。

历尽沧桑，志书转录七十二泉名称、位置及所处地名，都有许多变化。七十二泉的说法始于700年前。那是在金代时候，有人立《名泉碑》，列举了济南72个名泉。此后，便有济南七十二泉之说。

我国最早的一部编年体史书《春秋》有"公会齐

侯于泺"的记载，记述了公元前694年春秋时期鲁国国君鲁桓公与齐国国君齐襄公在泺水相会之事。泺水之源，就是后来的趵突泉。

趵突泉位于济南的中心，南靠千佛山，北望大明湖，面积约10万多平方米。该泉位居济南七十二名泉之首，被誉为"天下第一泉"，也是最早见于古代文献的济南名泉。趵突泉是泉城济南的象征与标志，与济南千佛山、大明湖并称为济南三大名胜。

趵突泉又名"槛泉"、"娥英水"、"温泉"、"瀑流水"、"三股水"等，已有2700多年的历史，我国古代较完整的以记载河道水系为主的综合性地理著作北魏时郦道元所著的《水经注》称"泺水"。其中记载：

> 泺水出历城县故城西南，泉源上奋，水涌若轮，突出雪涛数尺。声如隐雷。

《水经注》 由公元6世纪北魏时郦道元所著，全书30多万字，详细介绍了我国境内1000多条河流以及与这些河流相关的郡县、城市、物产、风俗、传说、历史等。该书还记录了不少碑刻墨迹和渔歌民谣，是我国古代较完整的一部以记载河道水系为主的综合性地理著作。

■ 趵突泉风景

■ 趵突泉的3个泉眼

曾巩（1019年—1083年），字子固，北宋政治家、散文家，南宋理宗时追谥为"文定"，世称"南丰先生"。1057年进士。"唐宋八大家"之一。在学术思想和文学事业上贡献卓越。有《元丰类稿》和《隆平集》等传世。

"趵突泉"名见于文字的最早记载是宋代熙宁六年，就是公元1072年，由著名文学家曾巩所撰《齐州二堂记》中说：

> 自(渴马)崖以北，至历城之西，盖五十里，而有泉涌出，高或至数尺，其旁之人名之曰"趵突"之泉。

可见，"趵突"这一称谓当时还只是在民间流行，不仅字面古雅，而且音义兼顾。不仅以"趵突"形容泉水"跳跃"之状、喷腾不息之势，同时又以"趵突"摹拟泉水喷涌时"卜嘟"、"卜嘟"之声，可谓绝妙绝佳。

曾巩曾出任过济南太守，他非常热爱这里山水，他有一首描写这里泉水的七律诗，题目就叫作《趵突泉》。诗曰：

一派遥从玉水分，　暗来都洒历山尘。

滋荣冬茹温常早，　润泽春茶味更真。

已觉路旁行似鉴，　最怜沙际涌如轮。

曾城齐鲁封疆会，　况托娥英诧世人。

　　元代著名画家、诗人赵孟𫖯在服官济南时，常游憩于此地。并写出了《趵突泉诗》来表达对趵突泉的喜爱。诗曰：

泺水发源天下无，　平地涌出白玉壶。

谷虚久恐元气泄，　岁旱不愁东海枯。

云雾润蒸华不注，　波涛声震大明湖。

时来泉上濯尘土，　冰雪满怀清性孤。

赵孟𫖯（1254年—1322年），字子昂，号松雪、松雪道人，又号水精宫道人、鸥波。元代著名画家，楷书四大家之一。他博学多才，能诗善文，懂经济，工书法，精绘艺，擅金石，通律吕，解鉴赏。特别是在书法和绘画上成就最高，开创元代新画风，被称为"元人冠冕"。

■ 济南趵突泉

水韵雅趣

湖泊泉瀑与历史文化

■ 趵突泉涞源堂

蒲松龄（1640年—1715年），字留仙，一字剑臣，号柳泉居士，世称"聊斋先生"。清代著名文学家、短篇小说家。他出身书香门第，自幼聪慧，学识渊博，19岁即考得全县第一名，成了秀才。但蒲松龄一生屡试不第，贫困潦倒，后人用8个字便概括了他的一生：读书、教书、著书、科考。他后来做塾师，舌耕笔耘近40年。他创作了著名的文言文短篇小说集《聊斋志异》。

清代著名文学家蒲松龄在《趵突泉赋》中一开头就说：

> 泺水之源，发自王屋；为济为荥，时见时伏；下至稷门，汇为巨渎；穿城绕郭，汩汩相续。

清代著名学者李文藻、周永年所编撰的地方志《历城县志》中对趵突泉的描绘最为详尽：

> 平地泉源觱沸三窟突起雪涛数尺，声如隐雷，冬夏如一。

清末著名作家刘鹗在编著的《老残游记》中记载：

三股大泉，从池底冒出，翻上水面有二三尺高。

趵突泉泉水出露标高原为26.49米，最大涌水量每天为16.2万立方米。后来的池长30米，宽18米，深2.2米。周围有观澜亭、泺源堂、来鹤桥、蓬山旧迹坊以及历代名人题咏趵突泉的诗文碑刻等名胜古迹。

"趵突腾空"为明清时代济南八景之首。泉水一年四季恒定在18度左右，在严冬水面上水气袅袅，像一层薄薄的烟雾，一边是泉池幽深，波光粼粼，一边是楼阁彩绘，雕梁画栋，构成了一幅奇妙的人间仙境。

黑虎泉是济南的第二大名泉，位于大明湖畔，北与解放阁高低错落，相映成趣。沿着济南护城河两岸，东起解放阁，向西长约700米，共有白石泉、玛

■ 黑虎泉石雕虎头

济南黑虎泉虎泉阁

瑙泉、九女泉、黑虎泉、琵琶泉、南珍珠泉、任泉、豆芽泉、五莲泉、一虎泉、金虎泉、胤嗣泉、汇波泉、对波泉14泉，统称为黑虎泉泉群。

黑虎泉为一天然洞穴，高2米，深3米，宽1.7米。洞门由青石砌垒，上有巧石悬挂，下有顽石啮波，左右秀石错落。洞穴隐露，从远处望去，内有一巨石盘曲伏卧，上生苔藓，显得黑苍苍，如猛虎深藏于其中。

黑虎泉泉水涌量仅次于趵突泉，在济南众泉中居第二位，每日最大涌水量约4.1万立方米。黑虎泉池南壁并列3个石雕虎头，泉水流过暗沟，经3个石虎口喷出，取"口内悬河"之意，波澜汹涌，水声喧腾。池北为一水闸，水在此形成水帘，泄入护城河中，形成瀑布。然后流进长约13米、宽约9米的石砌方池中，池内泉水清澈，青藻漂浮。

池北为一水闸，水漫流形成水帘，泄入河中。泉水从巨石下涌出，湍击巨石，发出粗犷的鸣响，再加半夜朔风吹入石隙裂缝，惊人的吼声回荡于洞中，酷似虎啸，故称黑虎泉。

明代崇祯六（1633）年有"三齐文献"之称的济南人刘勅曾对黑

虎泉做过绘声绘色的描述：

> 喷珠飘练，澄澈可鉴眉睫。泉溢而出，轰轰下泻，澎湃万状，飘者若雪，断者若雾，缀者若流，挂者若帘，泻为圆池，名曰太极。池中屹然一巨石，水石相击，珠迸玉碎，漈洄作态，其声如昆阳巨鹿之战，万人鸣鼓击缶……十丈外蒙蒙洒人。

明代诗人晏壁所作的《济南七十二泉·黑虎泉》一诗，生动地刻画出了黑虎泉的声貌和磅礴的气势：

> 石蟠水府色苍苍，深处浑如黑虎藏。
> 半夜朔风吹石裂，一声清啸月无光。

在明嘉靖年间，黑虎泉洞穴上方曾建有黑虎庙，院内院外，花木

黑虎泉的石雕虎头

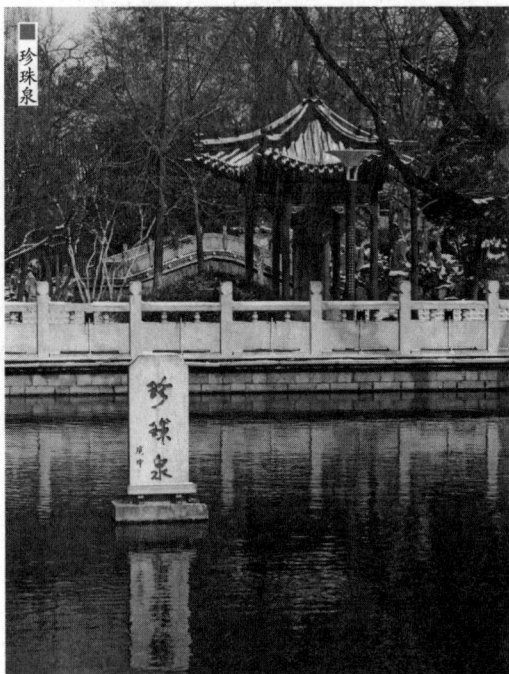
珍珠泉

水韵雅趣

湖泊泉瀑与历史文化

扶疏，景色佳丽。后来，在黑虎庙旧址新建的一处小庭院院内，东有月门、茶亭，西有曲廊小亭，假山叠布，洞壑迂回，幽静蜿蜒，清雅宜人。游人登临其中，赏泉观景，休憩其中，令人心旷神怡。

珍珠泉是济南的第三大名泉，位于大明湖南侧。池中泉眼甚多，依栏观赏，泉从沙际而出，忽聚忽散，忽断忽续，忽急忽缓，与池中成群鲤鱼吐放的水泡相融相伴，构成"鲤鱼戏珠"的胜景。

又因平地涌泉，水泡升腾，如泻万斛珍珠之势而得名，故称为珍珠泉，又名"北珍珠泉"。因为在济南，有两个名叫"珍珠泉"的地方。一个属于黑虎泉泉群，位于娥姜水东端南岸的珍珠泉，另一个则是大明湖南侧的珍珠泉。因方位之别，前者称为"南珍珠泉"，后者称为"北珍珠泉"。

无论是珍珠泉水泡冒涌的密度，还是水泡冒涌的广度，南珍珠泉都不如北珍珠泉，如果把前者比为小家碧玉的话，那么后者则无愧为大家闺秀。

一池串串的"珍珠"疏密有度地辅排在整个泉池中，显出一派雍容大度。欣赏此泉，会产生一种宏阔而又沉静的感觉。

珍珠泉平实而又美丽，泉池四周的汉白玉栏杆像一袭洁白的围裙，衬得这位绿色夫人更加端庄。池边设有楼台，稍示距离的岸柳与古树，谦恭地侍候着前来光顾的游人。池面水平如镜，波澜不惊，池水清澈见底，好看处，全在池中。

如此美丽的泉水，自然引来无数的赞美。明代诗坛"前七子"之一的济南边贡曾赋诗咏赞珍珠泉曰：

曲池泉上远通湖，百尺珠帘水面铺。
云影入波天上下，薜痕经雨岸模糊。
闲来梦想心如见，醉把丹青手自图。
二十六年回首地，朱阑碧树隔方壶。

这位诗人相隔26年还在挂念着珍珠泉，可见珍珠泉的魅力之大。

清朝乾隆皇帝到济南看到珍珠泉大为赞赏，遂写下了一首长诗，其中有句：

■ 珍珠泉全景

舜泉 位于济南舜井街中段西侧。金《名泉碑》、明《七十二名泉诗》、清《七十二泉记》均有收录。以虞舜掘井出泉的传说而得名。池呈井形，井口直径0.5米，石砌井壁，上置块石雕凿的圆口作岸，周饰石栏，井内垂铁链，寓"舜井锁蛟"之意。池西墙壁挂《舜井》黑字铜匾。

济南多名泉，岳阴水所潴。

其中孰臣擘？趵突与珍珠。

趵突固已佳，稍藉人工夫。

珍珠擅天然，创见讶仙区。

卓冠七十二，分汇大明湖。

在这位皇帝眼里，珍珠泉比趵突泉还美，它的天然之美，可以居七十二名泉之冠。

珍珠泉泉池长42米、宽29米，呈长方形，面积为1240平方米。周围砌以雪花石栏，岸边杨柳轻垂，泉水清澈如碧，一串串白色气泡自池底冒出，仿佛飘撒的万颗珍珠，迷离动人。

池中的游鱼，往往会与游人凑趣。或许它们胸中自有万贯珠玑，自恃其能，致力与泉眼较量，它们也

■ 珍珠泉九曲桥

时时处处奋力地吐着珠玑，与来自珍珠泉底的珠玑相媲美。有时双珠结对汩汩而上，有时双珠相击玉碎无影，而无穷无尽的新珠又相继而生。

珍珠泉的西北角有濯缨池，是由泉水汇聚而成，泉水向北流经百花洲后进入大明湖。

珍珠泉区为一座清雅的庭园，松柏苍翠、杨柳低垂，泉池楼阁错落有致。园内罗锅桥西侧，有一株高6米的宋代海棠，具有千年的历史，相传是济南太守曾巩所栽种的。

在珍珠泉周围有许多小泉，如楚泉、溪亭泉、舜泉、太乙泉等，被统称为珍珠泉泉群。

五龙潭也叫乌龙潭、龙居泉，位于济南旧城西门外，泺源桥北，南临趵突泉，北接大明湖，是济南的四大泉群之一。

五龙潭昔日潭深莫测，每遇大旱，祷雨则应，因此元代有好事者在潭边建庙，内塑五方龙神，自此便改称五龙潭。

北魏地理学家、散文家郦道元在《水经注》中称五龙潭为净池，是大明湖之一隅。五龙潭的四周，有

■ 珍珠泉内的亭台

郦道元（约470年—527年），字善长。他是北朝北魏地理学家、散文家。仕途坎坷，终未能尽其才。他博览奇书，幼时曾随父亲到山东访求水道，后又游历秦岭、淮河以北和长城以南广大地区，考察河道沟渠，搜集有关的风土民情、历史故事、神话传说，撰《水经注》四十卷。

■ 济南五龙潭

很多历代建筑，有大明寺、客亭及古历亭。

古历亭，就是历下亭，因历山而得名。北魏郦道元在《水经注》记载：

> 泺水北为大明湖……此水便成净池也，
>
> 池上有客亭……

于钦（1283年—1333年），字思客，元代方志编纂家、历史地理学家、文学家。他器资宏达，以文雅擅名于当时。官室中书省兵部侍郎，奉命山东，为益都田赋总管。所著《齐乘》，乃是山东现存最早的方志，也是全国名志之一，久负盛誉。

据元代方志编纂家、历史地理学家于钦编写的《齐乘》中记载，净池就是五龙潭。由史实可见，北魏时的历下亭就是《水经注》中所说的客亭，是官家为迎宾接诏所建。唐朝大诗人杜甫就在此赋《陪李北海宴历下亭》诗一首，自此已有古亭之称。

据史书《旧唐书》记载，天宝元年（742），齐州改为临淄郡，所以当时也称此亭为临淄亭。在唐末，历下亭随着古大明湖的消失而消失。

在唐朝时有"水练寨"之称的五龙潭，是先贤旧地，建有秦琼祠堂，遂有秦琼府邸的传说。元代著名散曲家张养浩在《复龙祥观施田记》中说：

> 闻故老言，此唐胡国公秦琼第遗址，一夕雷雨，溃而为渊。

后来，经过秦氏后裔的考证，五龙潭处并没有秦琼府第，只有先贤所建的唐代胡国公秦琼祠堂，并且也不属五龙潭秦家所有。

在元代初期，潭侧建凝碧宫，明清时期，又先后建起了灵雨亭、鲛人馆、杖影阁、倚杖桥、谈助亭、画壁、水槛等，其中最有名的为著名学者、戏剧作家桂馥辟建的"潭西精舍"。后因年久失修，馆舍亭阁

■ 五龙潭

■ 五龙潭东流水街

桂馥（1736年—1805年），字未谷，一字东卉，号雩门，别号萧然山外史，桂馥书法晚称老苔，一号渎井，又自刻印曰渎井复民。他是著名书法家，文字训诂学家。他精于考证碑版，以分隶篆刻擅名。著有《说文义证》《缪篆分韵》《晚学集》等。

大都倾倒。

清代著名训诂学家桂馥在《潭西精合记》中这样写道：

历城西门外，唐翼国公故宅，一夕化为渊，即五龙潭也。

后来在"潭西精舍"旧址建起了潭西阁、展厅和游廊。经过多次整修，景色胜过当年。潭池以自然石驳岸，岸边翠柳如云，碧丝蘸波。潭北潭东，叠有假山，山上植松柏，悬崖垂青条，丛木隐一小亭，取自道家经典著作《庄子·在宥》中的"尸居而龙见，渊默而雷声"的意思，取名为"渊默亭"，暗括"龙"字。后人在亭中还可赏看龙潭秀色的美景。

五龙潭历经各朝代的整修，后池长70米，宽35米，以石砌岸，池广水深。溢水标高25.80米，日涌水量最高达4.3万立方米。五龙潭水沿石渠穿街过院，蜿蜒北流，经生产渠，流入西泺河，最后注入小清河。

五龙潭泉群共有泉池29处，分别是：五龙潭、天镜泉、七十三泉、潭西泉、古温泉、悬清泉、净池、醴泉、洗心泉、回马泉、静水泉、濂泉，西蜜脂泉、东蜜脂泉、月牙泉、青泉、官家池、赤泉、玉泉、井泉、泺溪泉、虹溪泉、金泉、裕宏泉、东流泉、北洗钵泉、显明池、睛明泉、聪耳泉。

五龙潭是济南诸泉中最深的一个，泉水碧绿凝重，深不见底，终年涌流不息。济南泉水不仅多如繁星，而且各具风采：或如沸腾的急湍，喷突翻滚；或如倾泻的瀑布，狮吼虎啸；或如串串珍珠，灿烂晶莹；或如古韵悠扬的琴瑟，铿锵有声……使得历代文人为之倾倒。

历代名人如欧阳修、曾巩、苏辙、赵孟頫、王守仁、李攀龙、王士禛、蒲松龄等，都留下了赞泉的诗文。这些泉水，或以形、色、声、姓氏、传说、动植物、乐器、珍宝取名，或无名而名，各具情趣。由此可见，济南的泉水不仅具有自然的美，而且更有人文的美。

阅读链接

传说在远古时代，中华始祖之一的舜，从小跟着当地百姓耕种，逐渐显示了他超人的品格和才能。在舜30岁时，尧帝就把自己两个女儿娥皇、女英嫁给了舜，并将帝位禅让给了舜。

有一年，舜远行南方，而山东一带遭受大旱，娥皇、女英带领大家向龙王要水，人人双手都磨出了血泡，终于挖出一口深井。正在这时，南方传来舜帝病倒于苍梧的消息，娥皇、女英当即启程南行。

看着挥泪话别的人们，娥皇、女英禁不住一串串泪珠洒落大地。突然"哗啦"一声，泪珠滴处，冒出一股股清泉，泉水如同一串珍珠汩汩涌出，这就是后来的珍珠泉。后人有诗曰："娥皇女英洒别泪，化作珍珠清泉水。"

宝岛明珠——台湾日月潭

相传在很久以前，美丽的宝岛台湾住着一位勇敢的青年大尖和一位美丽的姑娘水社，他们相互爱慕，常常在大树下相会。

这个大潭里住着两条恶龙，有一天太阳走过天空，公龙飞跃起

■ 远眺台湾日月潭

■ 台湾日月潭全景

来，一口将太阳吞食下肚。晚上月亮走过天空，母龙也飞跃起来，一口将月亮吞下。

这对恶龙在潭里游来游去，把太阳和月亮一吐一吞，一碰一击的，像在玩大球。但是他们只图自己好玩，却没想到人世间没有了太阳和月亮，分不清白天和黑夜，树木枯萎了，鸟儿不叫了，稻田里快成熟的稻穗也干瘪了，家家户户的粮食吃光了，牛羊饿死了，日子过不下去了……

大尖和水社决心为人间找回太阳和月亮，可是怎样才能杀死恶龙呢？大尖和水社悄悄地钻进恶龙居住的岩洞里，从恶龙的谈话中偷听到他们最怕埋在阿里山底下的金斧头和金剪刀。

大尖和水社历尽艰险，顶风冒雨，跋山涉水，终于来到阿里山下，从山底下挖出了金斧头和金剪刀。然后他们又回到大潭边，恰好两条恶龙正在潭里用太阳和月亮做游戏。

阿里山 我国台湾地名，因四周高山环列，气候凉爽，所以山区气候温和，盛夏时依然清爽宜人，加上林木葱翠，是最理想的避暑胜地。阿里山群峰环绕、山峦叠翠、巨木参天，非常雄伟壮观。相传以前，有一位邹族酋长阿巴里曾只身来此打猎，满载而归后常带族人来此，为感念他便以其名为此地命名。

■台湾日月潭

　　大尖哥跳下潭去，挥起金斧头，把恶龙砍得满头是血、遍体鳞伤，水社姐看准时机，用金剪刀剪断了恶龙的肚子。两条恶龙死了，可是太阳和月亮还是沉在潭里。

　　大尖哥摘下公龙的眼珠，一口吞下肚，水社姐摘下母龙的眼珠，也一口吞下肚。他们变成了巨人，站在潭里像两座高山，大尖哥用劲把太阳抛起来，水社姐就拔起潭边的棕榈树向上托着太阳，把太阳顶上天空。最后大尖哥又用劲把月亮抛上了天空，水社姐也用棕榈树把月亮顶上天空。

　　太阳和月亮又高挂在天上，照耀大地，万物复苏，草木活了，树上的鸟儿又歌唱了，田野里稻谷又结穗了，人们欢呼雀跃。而大尖哥和水社姐从此变成了两座雄伟的大山，永远矗立在潭边。人们就把这个大潭叫作日月潭，把这两座大山叫作大尖山和水社山。

　　后来，每年中秋圆月当空时，仍然可以看到高山族的青年男女扛着又长又粗的竹竿，带着彩球，穿着美丽的服装，边学着大尖哥和水社姐的样子，把彩球抛向天空，然后用竹竿顶着不让它落下来，让日月潭永远享有日月的光辉，他们重演着征服恶龙的民间故事，以此来纪念大尖哥和水社姐这对少年英雄。

　　而"日月潭"这个名字，真正被第一次见到，是在清道光元年（1821）升任台湾府北路理番同知邓传安所著《蠡测汇抄》一书中第二篇所记：

　　　　过水里社，望见日月潭中之珠仔山；蓝鹿洲东征集所纪之水沙连即此

　　而《游水里社记》第十一篇也写有：

　　　　其水不知何来，潴而为潭，长几十里，阔三之一。水分丹、碧二色，故名日月潭。珠山屹立潭中，高一里许，围五之。

　　文中说的潭就是"珠仔山"，也就是拉鲁岛，旧称珠屿岛、光华岛，以其潭水之颜色而区分为日月

邓传安 字菽原，号鹿耕，清朝官员。进士出身的他于1824年，因台湾北路械斗事件，以鹿港同知代理台湾府知府，任满调离台湾后，又于1830年奉旨担任按察使衔分巡台湾兵备道，为台湾这一阶段的地方统治者。

■ 台湾日月潭石刻

■ 台湾日月潭风光

潭。而不是如今所谓：

> 岛东及北侧形圆如日，岛西南侧狭长微
> 弯如月，故名"日月潭"。

埔里镇 位于台湾南投北部，为台湾地理中心。地形则属于典型的陷落盆地地形，是浑然天成的远古湖泊流失所遗留的盆地地形。埔里镇处于台湾中部的丘陵区，属于副热带湿润气候，所以冬天不严寒，夏天不酷热，是一个气候宜人的乡镇，因而有"小洛阳"的称誉。

日月潭位处水沙连之轴心地带，北方接埔里镇，东北邻仁爱乡，东南为信义乡，西南接水里乡，西北方连接着国姓乡。

隶属南投县鱼池乡，位于我国台湾中央脊梁山脉的西麓地带，处在山地与西部平原之间，亦即潭西为平地，潭东即是高山重叠的山地。

日月潭是我国台湾唯一的天然湖，由玉山和阿里山之间的断裂盆地积水而成。

日月潭四周群山环抱，层峦叠嶂，潭水碧波晶莹，湖面辽阔，群峰倒映湖中，优美如画。日月潭每当夕阳西下，新月东升之际，日光月影相映成趣，更是优雅宁静，富有诗情画意。

日月潭旧称水沙连、水社大湖、龙湖、珠潭，当地人也称它水里社。在祖国各大名湖中，独具亚热带的秀丽，一风一雨无不蕴藏着大自然的美。

潭水四季不竭，水极清纯，无垠的漫漫绿波，恍若一面明镜，青山倒映，幽绝、静绝。清晨，山中、潭上往往有薄如轻纱的雾，山风一起，烟雾隐住了光华岛，而湖面更显得烟波浩渺了。

日月潭附近的地形受褶曲、断层及河川侵蚀等作用，致使境内山丘遍布，其间约罗布13个大小悬殊的盆地，许多的急陡斜坡及崩塌地，日月潭就属境内盆地。

境内盆地是属埔里盆地群的主要分布区，以鱼池盆地的面积为最大。仅日月潭保持湖泊原貌，而鱼池盆地周围山峰，如过坑山、大尖山，水社大山等，都属埔里板岩山地，为乌溪支流南港溪的集水区，而日月潭以南的盆地如头社和铳柜则属浊水溪流域。

日月潭、头社、鱼池及埔里等地，原来均为湖泊，因为此地带同

■ 台湾日月潭

■ 碧水蓝天日月潭

水韵雅趣

湖泊泉瀑与历史文化

玄奘 俗姓陈，名祎，号玄奘，出家后遍访佛教名师。629年，玄奘从京都长安出发，历经艰难抵达天竺。游学于天竺各地，645年回到长安，在大慈恩寺等寺院进行研究和翻译佛经直到圆寂。玄奘所译佛经，多用直译，笔法谨严，所撰有《大唐西域记》，为研究印度以及中亚等地古代历史地理之重要资料。

为第三纪黏板岩层的陷没地带，也就是黏板岩层的断层地带。由于地壳变动的不断作用后，而形成大、小盆地，然后蓄水，便形成了山间的湖沼。

其中日月潭被遗留在较高的位置，受盆地之切割作用和河川侵蚀最迟且最少，所以能蓄存相当的水量，并且尚有相当雨水量之流入，且流出之水量又极少，使之不致干涸，同时又无外来的沙砾填充，所以就自然保存了日月潭的湖水。

日月潭是我国台湾最著名的地方。它位于西部的南投县，是台湾最大的天然湖泊，卧伏在玉山和阿里山之间的山头上。水面比我国另一个著名湖泊杭州西湖略大，水深却超过西湖10多倍。

日月潭水映着山，湖面宛似一个巨大的碧玉盘。远远望去，潭中的美丽小岛，就好像浮在水面上的一颗珠子，所以叫珠仔岛，又叫光华岛。

以珠仔岛为界，珠仔岛把湖面分为南北两半：东北面的形状好像圆日，故叫日潭；西南边的如同一弯新月，故称月潭。后来为了庆祝台湾光复，珠仔岛已改名为光复岛。旧台湾八景之一的"双潭秋月"就是由此而来。

日月潭美景如画，春夏秋冬，晨昏晴雨，景色变幻无穷。尤其是秋天夜晚，湖面轻笼着薄雾，明月倒映湖中，景色更为美丽动人。

日月潭四周，点缀着许多亭台楼阁和寺庙古塔。山腰的玄奘寺是专门为了供奉玄奘大师灵骨舍利所建。清静幽雅，为眺望日月潭及拉鲁岛最佳的位置之一。

潭东的水社大山高约2千米，朝霞暮霭，山峰倒影，风光旖旎。潭北山腰有一座文武庙，自庙前远眺，潭内景色，尽收眼底。南面青龙山，地势险峻。

邵族聚落，有专供人们观赏的民族歌舞表演。泛舟游湖，在轻纱般的薄雾中飘来荡去，优雅宁静，别有一番情趣。

邵族 世代以渔猎、农耕和山林采集为生，农业作物主要是板栗、番薯和花生。杵音之舞是邵族丰年祭中重要组成部分，"湖上杵声"成为日月潭八景之一。此外还有播种祭、狩猎祭、拜鳗祭、丰年祭等。宗教信仰是祖灵信仰。族内流行的手工艺品为自己鞣制的皮革和自己纺织的麻布。

123

水韵精华

溪泉灵性

■ 日月潭拉鲁岛

日月潭之所以美丽，是因为它的四周是一座座长满绿树的山，而湖水又静静的，蓝蓝的，像一面镜子，把周围的山色倒映在湖里。另外，一年四季，早晨或是晚上，映在湖里的景色也都不一样，变来变去，就像传说中的仙境。

日月潭四周的群山还有几处古迹。其中潭北山腰有文武庙，它位于日月潭北边的山腰上，主祀关帝，另因供奉孔子、岳飞而得名。文武庙以金黄色为主，巍峨耸立。登上文武庙后殿山坡，日月潭左右两个湖，都看得清清楚楚。

后来民间一直还流传着，在天高云淡之时，站在慈恩塔上可以看见西子湖畔的六和塔的塔尖。这虽然近似神话，却蕴含着台湾人民对祖国的深情。

日月潭是美丽的，美在它的深邃。日月潭又是神秘的，因为它离我们既遥远又近在咫尺，在台湾有句俗语说："人同根，语同音。"

阅读链接

相传日月潭之发现归功于一只神鹿。300年前，当地有40个山胞集体出猎，一只体型巨大白鹿窜向西北，于是尾随追踪。

追了三天三夜后，白鹿在高山林中失去踪影。山胞们又在山中搜了三天三夜。第四天，他们越过山林，只见千峰万岭、翠绿森林的重重围拥之中，一派澄碧湖水正在晴日下静静地闪耀着宝蓝色的光芒，就像纯洁婴儿甜蜜地偎依在母亲怀中酣睡。

山胞们又发现，碧水中有个树林茂密的圆形小岛，把大湖分为两半，一半圆如太阳，其水赤色；一半曲如新月，其水澄碧。于是他们把大湖称为"日月潭"，那小岛叫作"珠仔岛"。

他们发现这里水足土沃，森林茂密，宜耕宜猎，于是决定全部迁居此地，带头的部落首领就是今日邵族酋长"毛王爷"毛信学的祖先。

瀑布的美是一种动水景观之美。不同风格的瀑布又都有共同的审美特征，欣赏时应注意它们的"形"、"势"、"声"，并从总体上体味其神韵。

瀑布之美除了这些外，还有色彩。飞泻的瀑布在阳光的照射下，五光十色，晶莹夺目，宛如来自天上的银河，瀑布激起的水雾经太阳的斜照，化作一道五彩缤纷的长虹，飞跨山间，煞是美丽动人。

那些从山顶流下来的瀑布，就像一群四蹄生风的白马如潮水般地涌来；那些从山腰间流下来的瀑布，又像是纺织出的白绸飘然而下；那些从山丘上流淌下来的瀑布声，像小鸟欢快的歌声，仿佛在欢迎游人的到来。

九天飞流

瀑布神韵

黄色飞流——壶口瀑布

天下黄河一壶收，传说2000多年前，黄河水位高达数百米，龙王爷就居住在后来东西龙王山之处。

壶口瀑布的题词

■ 壶口瀑布地质景观

大禹治水凿开龙门山，水出禹门口，水位下降，龙王山露出水面，龙王爷无处藏身，就使尽全力往地下钻，尾巴还不断拍打岩石，终于造出了这个深达几十米的瀑布和长约数千米的石峡龙槽。

龙王爷居住在瀑布之下，口吐万丈洪水淹没了方圆百十里地面，万民遭灾。西天王母得知此事，先后抛出宝石，准备填平瀑布，但却打到龙王身上，被龙王碰了回来，落到了龙槽之下的河心。

王母抛石没有镇住瀑布，龙王继续吐水为灾。天上的玉皇大帝得知后，先派二郎神率九员天兵天将，下凡征服龙王。

在距瀑布二十几里处摆开战场，九员天将转眼被龙王杀死。二郎神上报玉皇大帝，玉帝大怒，顺手将桌上的茶壶抛出，将龙王收到壶里，安放在了瀑布的下面，这就是瀑布称壶口的来历。

传说龙王在壶中真心忏悔、静心修炼，最终提前释放，回到壶口，在瀑布底下给自己建造了一座富丽

天兵天将 是指天界中的将领和士兵，主要作用是卫护天宫，维护佛法，下界降妖除魔。道教认为北斗众星中有三十六天罡，每个天罡星中有一神，与此对应，天宫共有三十六位神将。通常，天将大多穿着华丽的金甲，身体周围有五彩霞光缭绕，身形也非常魁梧，显得华丽而稳重。天兵也个个具有神力，他们通常听从天将的调遣。

■ 黄河壶口瀑布

《尚书·禹贡》
我国古籍《尚书》中的一篇，是现存史书中最古者，是儒家重要经典著作之一。《禹贡》的体裁属于地志，它利用了战国时期发达的地理学知识，超脱了《山经》极原始的地理概念。《禹贡》对后世地理学的发展有深刻的影响。

堂皇的宫殿，从此久居壶底，使瀑布方圆数百里年年风调雨顺，五谷丰登。

早在古时候，黄河壶口瀑布就已闻名，《水经注》载："禹治水，壶口始。"传说壶口是公元前2140年大禹治水时凿石导河之处。

明代有位诗人写《壶口》一诗赞道：

源出昆仑衍大流，玉关九转一壶收。
双腾虬浅直冲斗，三鼓鲸鳞敢负舟。

明代另一诗人陈维藩在《壶口秋风》诗中是这样描写的：

秋风卷起千层浪，晚日迎来万丈红。

《尚书·禹贡》中只用8个字形容：

　　　　盖河漩涡，如一壶然。

《古今图书集成》中写道：

　　　　山西崖之脚，尽受黄河之水，倾泻奔放，自上而下，势如投壶。

这些诗句，可谓都是壶口瀑布的真实写照。而后来壶口瀑布变成了一个移动的瀑布。据《尚书·禹贡》记载，约在公元前770年，壶口紧连着孟门，随着岁月的流逝，据813年成书的《元和郡县志》记载，壶口距孟门约1.7千米，而后来的壶口却在孟门的上流的3千米处，时隔2700年，石槽向上推移了近

《古今图书集成》原名《文献汇编》或称《古今图书汇编》，原是康熙皇帝三子胤祉，奉康熙之命与侍读陈梦雷等编纂的一部大型类书，康熙皇帝钦赐书名，雍正皇帝写序。是查找古代资料文献的重要的百科全书。是现存规模最大、保存最完整的类书。也是铜活字印刷上卷帙最浩繁、印制最精美的一部旷世奇作。

■ 黄河壶口瀑布

水韵雅趣

湖泊泉瀑与历史文化

■ 波涛汹涌的黄河水

龙王庙 专门供奉龙王之庙宇，每逢风雨失调，久旱不雨，或久雨不止时，人们到龙王庙烧香祈愿，以求龙王治水，风调雨顺。龙，是行雨管水的神灵。所以人们把风调雨顺、五谷丰登的年景寄望于龙神。

3千米。

壶口瀑布在移动的过程中，由于瀑布水流巨大的冲刷力，在坚固的岩上冲出一道深深的沟槽，传说大禹治水时，曾有神龙相助，劈出一道石槽，疏导洪水，所以人们就叫它"十里龙槽"。

北魏郦道元曾经在《水经注》中写道："水非石凿而能入石，信哉！"

壶口瀑布是黄河中游流经晋陕大峡谷时形成的一个天然瀑布。西面是陕西宜川，东临山西吉县。瀑布宽达30米，深约50米，最大瀑面30000平方米。是我国仅次于贵州黄果树瀑布的第二大瀑布。

滚滚黄河水至此，500余米宽的洪流骤然被两岸所束缚，上宽下窄，在50米的落差中翻腾倾涌，声势如同在巨大无比的壶中倾出，所以叫"壶口瀑布"。

在我国古籍《书·禹贡》中记载："盖河漩涡，如一壶然"。两大著名奇景"旱地行船"和"水里冒烟"，更是罕见。

壶口瀑布落差大，再加上瀑布下的深槽狭长幽深，水流湍急，给水上船只通行带来很大的困难。

过去从壶口上游顺水下行船只，不得不先在壶口上边至龙王庙处停靠，将货物全部卸下，换用人担、畜驮沿着河岸运到下游码头，同时，靠人力将空船拉出水面，船下铺设圆形木杠，托着空船在河岸上滚动前进，到壶口下游水流较缓处，再将船拖入水中，装上货物，继续下行，在岸上人力拖船很费力气，常常需上百人拼命拉纤。

尽管有一些圆形木杠，铺在船下滚动，但石质河岸上仍被船底的铁钉擦划得条痕累累。在当时的条件下，"旱地行船"可能是水上运输越过壶口瀑布的最佳选择。

瀑布的深槽嵌在原谷底基岩河床中，槽旁原河床底的大部分，成为非洪水期的河岸，全由坚硬的砂岩构成，但是在近水处，几乎没有一点沙石，平坦得可以在上面行车，"旱地行船"正是利用了这种地

■ 壶口瀑布

冬季的壶口瀑布

水韵雅趣

湖泊泉瀑与历史文化

质地貌条件。

壶口瀑布位于山西吉县和陕西宜川之间，在山西吉县城西南25千米黄河之中。

此地两岸夹山，河底石岩上冲刷成一条巨沟，宽达30米，深约50米，滚滚黄水奔流至此，倒悬倾注，就像奔马直入河沟，波浪翻滚，惊涛怒吼，震声数里外都可听见。春秋季节水清之时，阳光直射，彩虹随波涛飞舞，景色奇丽。

以壶口瀑布为中心，它的四周围绕着许多有名的地方，例如在壶口瀑布下游5千米处，可以看到在右侧的黄河谷底河床中，有两块棱形巨石，巍然屹立在巨流之中，这就是古代被称为"九河之蹬"的孟门山。河水在孟门山被分成两路，从巨石两侧飞泻而过，然后又合流为一体。

传说在古时，这两个小岛原为一山，阻塞河道，引起洪水四溢，大禹治水时，把此山一劈为二，导水畅流。此二岛，远眺如舟，近观似山，俯视若门。后来孟家兄弟的后代被河水冲走，曾在这里获救，故将此二岛称为孟门山。

壶口瀑布在山西吉县方向，形成一个天然洞穴，可以直接通往壶口瀑布下方，俗称龙洞，又名观瀑洞。

冬天，平日里声势浩大的壶口瀑布，在"冷静"中呈现出别样风情。黄河水从两岸形状各异的冰凌、层层叠叠的冰块中飞流直下，激起的水雾在阳光下映射出美丽的彩虹。

瀑布下搭起美丽的冰桥，两岸溢流形成的水柱如同大小不一的冰峰倒挂悬崖，彩虹时隐时现，游移其间，七彩与晶莹映衬，可谓大自然之神奇。

等黄河水到了"壶口"的地方，湍流急下，激起的水雾，腾空而起，恰似从水底冒出的滚滚浓烟，数十里外都可以看到。

水流激起的雾气的大小与季节、流量有关。冬季河面封冻，瀑布多成冰凌，激浪不大，飞出槽面水雾极少；夏季流量大增，水流溢出

气势恢宏的黄河壶口瀑布

水韵雅趣

湖泊泉瀑与历史文化

■ 黄河壶口瀑布

秦晋大峡谷 从起点到陕西韩城与山西河津之间的禹门口，共有720千米。它将被称为肥原沃野的黄土高原一分为二。由于古时峡谷以西为秦国，以东为晋国，因此，大峡谷被称为秦晋峡谷，蕴藏着千年文明。大禹就是在这条峡谷中开始人类历史上最伟大的治水工程的。

深槽，落差甚小，瀑布消失，不易形成升入高空的浓密水雾；春秋两季，流量适中，气温不高，瀑布落差在20米以上，急流飞溅，形成弥漫在空中的水雾，就是"水底冒烟"一景。

壶口瀑布反复冲击所形成的水雾，升腾空中，使阳光发生折射而形成彩虹。彩虹有时呈弧形从天际插入水中，似长龙吸水；有时呈通直的彩带横在水面，像彩桥飞架；有时在浓烟腾雾中出现花团锦簇，五光十色，飘忽不定，扑朔迷离。

霓虹戏水是"水底冒烟"与阳光共同作用的产物。春秋两季，水底冒烟、浓雾高悬，每遇晴天，阳光斜射，往往形成彩虹，夏日雨后天晴，有时也会出现彩虹。

晴空洒雨，悬瀑飞流形成的水雾飘浮升空，虽然烈日当空，但在瀑布附近，犹如细雨，湿人衣衫，这也是水底冒烟所产生的又一有趣的景观，一般越接近河面，水雾就越浓密。

黄河在秦晋大峡谷中穿行，汹涌的波涛如千军万马，奔腾怒吼，声震河谷，当瀑布飞泻，反复冲击岩石和水面时，产生巨大的声响，并在山谷中回荡，恰如万鼓齐鸣，旱天惊雷，声传十数里外。

只有在壶口瀑布附近，才能真正感受到"黄河在怒吼"、"黄河在咆哮"。所以唐代大诗人李白为此而发出了"巨灵咆哮掰两山，洪波喷流射东海"的感叹。

而"山飞海立"就是对壶口瀑布磅礴气势的最佳形容，黄河穿千里长峡，滔滔激流直逼壶口，突然汇集成一束，最后到槽里，形成极为壮观的飞瀑，仰观水幕，滚滚黄河水从天际倾泻而下，势如千山飞崩，四海倾倒，构成壶口瀑布的核心景观。

走进壶口瀑布，在阵阵轰鸣中，近距离感受"黄河之水天上来"的壮阔。滔滔黄河水，挟雷霆万钧之势，直下百丈悬崖，掀起腾空黄浪，排山倒海，震天撼地。

■ 破空而下的黄河壶口瀑布

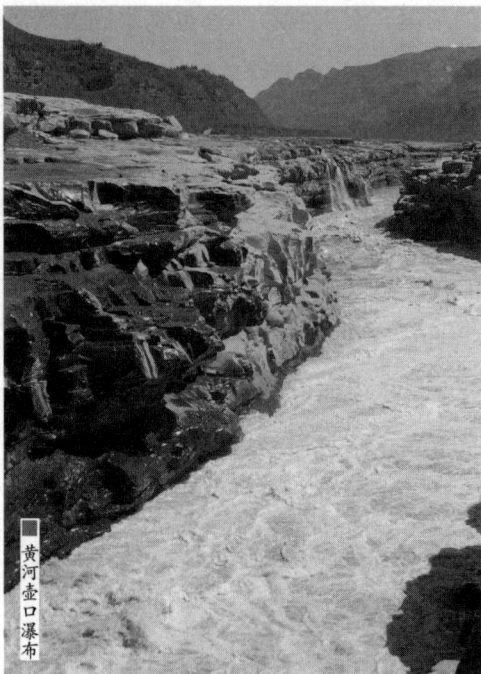
黄河壶口瀑布

站在壶口瀑布的边上，看着浊黄而巨大的水浪冲天而起，升腾出不散的白色云雾，两岸是水雕出的沟壑，一律的深褐色石板，重重叠叠，似在讲述一个久远的惊悸。从瀑顶向下层层跌下浊黄的河水，如卷动的绸缎，缎面上镂刻的，是泥黄的涟漪，而它所呈现的，是一种非凡的壮美。

壶口瀑布，以其深广的哲理内涵，吸引着炎黄子孙，人们视其为中华民族自强不息、昂扬奋发的精神象征，而这种精神，正是中华民族的"民族魂"。

阅读链接

壶口瀑布有一则关于神龟峰的传说，据说有一只巨龟，长期潜在黄河水底。它神通广大，可滚动巨石，可犁通河床，故称"神龟"。

有一天，它在孟门山下的河底翻动巨石，正巧碰上奉了大禹之命往山上拉运巨石的神牛。神牛不知它拉动的那块巨石正是神龟，从而惊动了神龟。神龟大叫一声，跳到东岸，翻动河水，现出一道金光，这又惊了神牛。神牛放开巨石，随着一声巨响，一下跳到河的西岸。

民众又来上工，只见神龟和神牛都不能动了。后来神龟变成了神龟峰，神牛也遵从大禹旨意变成了镇河石牛。如今两峰隔河相望，站在两峰上均可望见黄河。

神州第一瀑——黄果树瀑布

　　相传许多年以前，在黄果树瀑布的山坡上，住着一个种庄稼的老汉和他的妻子。老两口无儿无女，所以年纪都已经60多岁了，还一年到头地做活，从来没歇过一天，但日子过得还是很清苦。

■ 黄果树瀑布

■ 倾泻而下的黄果树瀑布

湖泊泉瀑与历史文化

从他们的爷爷的爷爷那时起，就听说瀑布下边的深潭里都是金银珠宝，那绚丽的彩虹便是潭底的金银珠宝放射出来的光芒。

俯首下望深潭，可以看到数不清的珍珠在水中翻滚，闪烁出诱人的珠光。传说有谁能得到打开深潭的钥匙，谁就能尽管取用潭底的宝贝。

有一年，老夫妻种的100棵黄果树，虽然棵棵开花，却只有一棵树结了一个果子。一天，来了一个商人，说这个果子是一个宝，愿出1000两银子买下这个黄果，并相约100天后再来摘取。

临行时，商人留下50两的银元宝作为定金，叮嘱他们不要把这件事对其他人讲，还交代要日夜轮班守候树下，不许人摸，不准鸟啄。

从此以后，老汉夫妻俩每天轮流着守在这棵黄果树下，就连在晚上，他们的眼睛也不敢闭一下。

老汉因为那锭沉甸甸的50两的大元宝，忘记了疲劳；当他又想起"1000两"这个大数目时，总是取出那个元宝来抚摸一番。眼看着黄果越长越大，到第九十九天，黄果长得如同南瓜大小，又香又黄。

老夫妻俩由于连日的轮流守护，精疲力尽，再也支持不住了，于是，老两口提前一天把黄果摘下放到屋里藏了起来。

第二天，商人来了，得知树上的黄果已被提前一天摘下，有些吃惊，但既成事实，生气也没用，于是拿起了黄果和绳梯就往瀑布边跑，一会儿，商人跑到了瀑布边，两手捧起黄果朝潭中央一丢，神奇的事情发生了：上面轰隆隆流着的瀑布突然静止不流，下面的深潭也一下子干巴巴的，所有的水都消失不见了，顿时看见金银珠宝堆满了整个潭底。

商人放下那整整有100级的绳梯，不顾性命地顺着绳梯滑下去，他捡呀，装呀，直到再也拿不住了才往上爬。当他爬到第九十九级绳梯时，忽然天崩地裂一场巨响，瀑布奔腾飞泻，潭水涨满，贪心的商人被葬身潭底。

老汉见贪心的商人遭到惩罚，摇着头，叹了一口气，从怀里拿出那锭已被摸得发亮的银子，毫不犹豫地丢进深潭中，回头对妻子说："这不是我们庄稼人应得的东西，留着它一点用处也没有。"从那以

喷云吐雾的黄果树瀑布

■ 黄果树瀑布

华夏 我国的古称；古代汉族的自称。华夏文明亦称中华文明，是世界上最古老的文明之一，也是世界上持续时间最长的文明之一。古人是以服饰华彩之美为"华"，以疆界广阔与文化繁荣、文明道德兴盛为"夏"。

后老汉依然回去种庄稼，栽黄果。

瀑布脚下的深潭中依然堆满了金银珠宝，可是再也没有人能够找到能打开它的钥匙了。而又因为只有黄果才能打开大瀑布的宝库，所以后来人们就叫它黄果树瀑布了。

古时候的黄果树瀑布称白水河瀑布，亦名"黄葛墅"瀑布或"黄桷树"瀑布，因当地广泛分布着"黄葛榕"而得名，历来被誉为华夏众瀑之首，并且被纳入"世界最壮观的瀑布"之列。

黄果树瀑布前的箱形峡谷，原来是一个落水溶洞，后来随着洞穴的发育，水流的侵蚀，致使洞顶坍落，而形成了瀑布。

它形成的时代，大约从2700万年前至1000万年前的第三纪中新世开始，一直延续，经历了一个从地表到地下，再回到地表的循环演变过程。

黄果树瀑布早在明朝弘治年间的《贵州图经新志》中就有文字记载，之后在嘉靖年间的《贵州通志》《贵州山泉志》和《贵州名胜志》等均有记载。

1637年，著名的旅行家、地理学家徐霞客在游历贵州时，对黄果树瀑布进行了既生动又科学的描述。

徐霞客也是我国历史上对黄果树瀑布进行详尽记载的第一人，在他所记载的游记中，对于黄果树瀑布是这样写的：

> 盖余所见瀑布，高峻数倍者有之，而从无此阔而大者。但从其上下瞰，不免神悚……

黄果树瀑布群位于贵州黔中丘原的镇宁、关岭布依族苗族自治县境内，距贵阳约150余千米。它是由

苗族 我国五十六个民族之一。苗族历史悠久，在我国古代典籍中，早就有关于5000多年前苗族先民的记载，苗族先祖可追溯到原始社会时期活跃于中原地区的蚩尤部落。苗族有自己的语言，属汉藏语系苗瑶语族苗语支。

■ 奔腾而下的黄果树瀑布

■ 黄果树瀑布下的
清泉石流

关索岭 即因关索
而得名，在滇东
北的崇山峻岭中
有一座南北走向
的山脉叫作关索
岭，属于乌蒙山
系的南延部分，
它将昆明市的寻
甸回族彝族自治
县与曲靖市的马
龙县东西切开。

20多个风韵各异的大小瀑布组成，其中以黄果树大瀑
布最为优美壮观，故统称为黄果树瀑布群。

黄果树瀑布群也在世界上最大的喀斯特地区——
华南喀期特区的最中心部位。这里不仅在地表上广泛
出露大量可溶性的碳酸盐岩，而且在地下即垂向上的
分布也占很大比例，区域地质构造十分复杂。

黄果树瀑布群位于亚热带湿润季风气候的南边，
水热条件良好，形成了打帮河、清水河、濡陵河等诸
多河流，它们向下流经北招江再汇入珠江。这些河流
对高原面的溶蚀侵蚀切割，加剧了高原地势的起伏，
形成了各种各样绚丽多姿的喀斯特地貌。由于河流
的袭夺或落水洞的坍塌等原因，形成了众多的瀑布
景观。

黄果树瀑布群的各瀑布各具特色，造型十分优
美，堪称世界上最典型、最壮观的喀斯特瀑布群，而

且在其周围还发育着许多喀斯特溶洞，洞内发育各种喀斯特洞穴地貌，形成著名的贵州地下世界。

黄果树附近有很多的名胜古迹，以"千古之谜"的红岩碑最为著名，此外还有相传石三国遗迹的关索岭、孔明堂、跑马泉、御书楼等。

天然盆景区也就是天星景区较大的一片天生桥上的石林。这里有大大小小的水盆和漫水坝以及一个个大大小小的天然山石、水石盆景。

弯弯曲曲的石板小道，穿行于石壁、石壕、石缝中，迤逦于盆景边石之上。沿小道游览，抬头是景，低头是景，前后左右处处皆成景，仿佛到了天上的仙境，地下的迷宫。

银链坠潭瀑布和星峡飞瀑也分别处在水上石林的左右两侧。在黄果树瀑布群中，银链坠潭瀑布既不是以高取胜，也不是以大惊人，但却是最动人心弦的。

盆景 是以植物和山石为基本材料在花盆内表现自然景观的艺术品。盆景源于我国，一般有树桩盆景和山水盆景两大类。盆景是由景、盆、架3个要素组成的，它们是相互联系，相互影响的统一整体。人们把盆景誉为"立体的画"和"无声的诗"。

九天飞流

瀑布神韵

■ 黄果树瀑布漫水坝

■ 漏斗形黄果树瀑布

白水河 白水河是一条由玉龙雪山融化的冰川雪水汇成的河流，沿着山谷层叠跌跃而下，水清澈墨绿，因河床由沉积的石灰石碎块组成，呈灰白色，清泉流过，远看就像一条白色的河，因此而得名。据说白水河的水来自玉龙之口，带有灵性，还是一处爱情圣地。

而从冒水潭跃出地面的白水河，似蛟龙般翻滚，一路冲树击石奋勇向前，却突然遇到了一个巨大的消水洞，巨大的水流以万马归槽之势，争先恐后地坠入溶潭，永远地消失在地下。

瀑布上面呈漏斗形，底部是槽状溶潭。在潭沿面上隆起的石包，像一张张向下的莲叶，交错搭连，河水在每一张叶面上均匀铺开，纵情漫流，像千万条大大小小的银链，向中心收缩，有时沉于地下，有时又冲向大川。

水的结尾处是一个叫珍珠泉的地方，白水河从这里潜入地下，平软的水波滑过整石，在岩石表面滚成一颗颗晶莹的珍珠。

在黄果树下游打邦河上，与黄果树瀑布相距40多千米。山势在此陡然升高，峭壁对出，直插云霄，地势强烈深切700余米，河水骤然跌落，形成总落差达120米的三级瀑布。关脚峡瀑布是黄果树瀑布群中水量最大的瀑布。

而红崖天书是在距黄果树瀑布约7千米的红崖山的半山上，有一块巨大的浅红色绝壁，壁长100米，高达30多米，红崖山的石壁上有20多处深红色的形似古文的符号，似篆非篆，若隶非隶，非镌非刻，横不成列，竖不成行，大者如斗，小者如升，都透出了一种古朴苍劲的韵味。

在山峦的一片绿色中，格外耀眼夺目，好似镶嵌在碧绿地毯中的红宝石。这就是红崖天书。

自明代嘉靖年间起，许多文人雅士曾来此地吟诗作赋，对它进行研究。先后有拓本、摹本、缩刻本等

碑刻 在词义上可以理解为，刻在碑上的文字或图画。一般理解为用书法体刻在碑石上的书法。也泛指刻石文字或图案。将书写好的墨迹复写于平整的石板、石壁或木板上，然后镌刻而成。

■ 气势磅礴的黄果树瀑布

■ 贵州黄果树瀑布水帘洞

诸葛亮（181年—234年），字孔明、号卧龙，也叫伏龙，三国时期蜀汉丞相、杰出的政治家、军事家、散文家、发明家、书法家。其散文代表作有《出师表》《诫子书》等。曾发明木牛流马、孔明灯等，并改造连弩，可一弩十矢俱发。诸葛亮在后世受到极大尊崇，成为后世忠臣楷模，智慧化身。

问世，并被收入全国性的碑刻著录。

关于崖壁上符号的释义，众说纷纭，但都百思不得其解，一直是一个谜。

对红崖天书由来，有3种代表性的说法：一说是三国时诸葛亮南征时留下的遗迹，故又有名"诸葛碑"；二说是殷高宗伐鬼方时的纪功碑；三说是蜀汉时爨族首领济火协助诸葛亮南征有功，此碑就是用古爨族文字书写的济火"纪功碑"。

红崖天书壮观奇丽，扑朔迷离，期待着人们去探索、去解开这个谜。

黄果树瀑布能从后面观赏它。由于是喀斯特地形，黄果树瀑布后面山体，有一个天然溶洞贯通两岸，又有几个天然的豁口能看到瀑布。

游人可以穿行瀑布后面的山洞，从这岸走到那岸。这是黄果树瀑布特有的奇观。

在黄果树瀑布40米至47米的高度上，有一个水帘洞，全长134米，有6个洞窗、5个洞厅、3股洞泉和6个通道。

走进大瀑布本身就已经惊心动魄了，而要在大瀑布里面穿行，的确会感到有些害怕，但如果到了黄果树瀑布，而不进水帘洞，就不会真正领略到黄果树瀑布的雄伟和壮观。

溶洞曲曲弯弯，高低不平，洞内除个别地方外，高度完全可以直立行走，宽度也可以两人并行。洞穴有浸水滴下，所以脚下也是湿漉漉的，洞内凉爽，要是夏天，待在里面就不想走了。

特别有趣的是，由于洞穴靠近水面，溶洞有好几处豁口，与外面贯通了，就像开了天窗一般。站在豁口处，可以看到瀑布如水帘一样挂在眼前，可以最近

147

■ 黄果树瀑布水帘洞近景

水韵雅趣

湖泊泉瀑与历史文化

■ 黄果树瀑布的水帘洞

对联 又称"楹联"或"对子"，是写在纸、布上或刻在竹子、木头、柱子上的对偶语句，对仗工整，平仄协调，是一字一音的中文语言独特的艺术形式。对联相传起于五代后蜀主孟昶。它是中华民族的文化瑰宝，春节时挂的对联叫春联，办丧事的对联叫作挽联。

距离地听到瀑布的隆隆声，走近两步，就可以伸手触摸到瀑布的水流，任凭水花溅在身上，隔着水帘，还可依稀看到左岸上的一片房屋。这里特殊的小气候环境，时常有彩虹卧在空中，犹如锦上添花。

穿越水帘洞，还有一个绝妙奇景，从各个洞窗中观赏到犀牛潭上的彩虹，这里的彩虹不仅是七彩俱全的双道而且是动态的，只要晴天，从上午至下午5时，都能看到，并随着你的走动而变化和移动。

前人有写："天空之虹以苍天作衬，犀牛潭之虹以雪白之瀑布衬之。"所以后来被人们叫作了"雪映川霞"。

犀牛潭还有一个传说，古时候，有个骑着犀牛的仙人从西往东去。长途跋涉后，犀牛非常累。在经过创村水潭的时候，仙人看到水潭碧绿，四面环树，瀑布飞落，风光旖旎，别是一番滋味。

心念着犀牛辛苦，仙人便让犀牛停下休息。犀牛缓缓沉下，其中3只脚分别落在两块不同的石块上，于是，3个犀牛脚印便深深地烙在石头上，3个脚印深浅不一，从20厘米到30厘米不等。

犀牛潭潭水深11.1米，满潭为瀑布所溅的无数水珠所覆盖。峡谷两侧壁立苍翠，各类喜水植物枝繁叶茂，其间的望水厅、观瀑亭、茶楼、铁索桥、缆车等建筑物以及片片竹林，同大瀑布一起构成了一幅大自然的立体山水画。

犀牛潭还有另一个传说，吴三桂在打仗的时候曾经兵败路过犀牛潭，把大批珠宝珍品沉在了犀牛潭中。但这深不见底的潭中究竟有没有珍宝，却谁也说不清。

黄果树瀑布的河水从断崖顶端凌空飞流而下，瀑布对岸高崖上的观瀑亭上有副对联，就是黄果树瀑布的真实写照，对联道：

白水如棉不用弓弹花自散；

■黄果树瀑布

■ 黄果树瀑布远景

严遂成 字崧占，号海珊。雍正二年，即1724年进士，官任知县，创办了凤山书院。著有《海珊诗钞》11卷，补遗2卷，《明史杂咏》4卷及《诗经序传辑疑》2卷。

虹霞似锦何须梭织天生成。

黄果树瀑布的形态因季节而有变化，冬天水小时，它妩媚秀丽，轻轻下泻。到了夏秋，水量大增，那撼天动地的磅礴气势，简直令人惊心动魄。有时瀑布激起的雪沫烟雾，高达数百米，漫天浮游，竟使周围经常处于纷飞的细雨之中。

黄果树瀑布激起的水花，如雨雾般腾空而上，随风飘飞，漫天浮游，高达数百米，落在瀑布右侧的黄果树小镇上，特别是艳阳高照之日，水雾蒙蒙，映出金色的光来，似真似幻，那街道似乎是金色大街，形成了远近闻名的"银雨洒金街"的奇景。

黄果树瀑布是唯一可以从上下、前后、左右观看的瀑布，大地理学家徐霞客对瀑布有经典的描绘：

> 捣珠崩玉，飞沫反涌，如烟雾腾空。珠
> 帘钩不卷，匹练挂遥峰。

清代文人严遂成曾写下《白水岩瀑布》一诗，形象地描绘了当时瀑布的磅礴气势，壮丽景观。

> 万里水汇一水大，訇訇声闻十里外。
> 岩口逼仄势更凶，夺门而出悬白龙。
> 龙须带雨浴日红，金光玉色相荡春。
> 雪净鲛绡落刀尺，大珠小珠飘随风。
> 风折叠之绘变相，三降三升石不让。

■ 黄果树瀑布下湍急的河水

近百米宽，77米高的瀑布汹涌澎湃，飞流直击深潭，虽然离瀑布还有段距离，但飞溅的水珠和雾气有几十米高，扑面洒落在人的头上身上。

洞中也有五彩霓虹灯光，不时还有小的洞口，能窥到外面白色的水幕，洞顶有时水流如注，有时淋淋沥沥，洞里很凉爽，走在洞里是一种享受，还有几分惊奇、几分神秘。

黄果树瀑布融瀑布、溶洞、石林、石峰、峡谷等自然景观与神秘莫测的文物古迹、绚丽多彩的民族风情等人文景观于一体。

黄果树瀑布以其雄奇壮阔的大瀑布、连环密布的瀑布群而闻名于世，十分壮丽，并享有"中华第一瀑"之盛誉。

阅读链接

黄果树瀑布有一个传说：有一对老夫妇，两个老人都十分想要个孩子。老者年轻的时候，挖了一棵黄果树苗栽在房后。可是这么多年过去，只是年年开花，不结果。

这年初秋的一天夜里，老奶奶迷迷糊糊地睡着了。朦胧中，一道白光从小竹窗飞进草屋，变成了一个白胡子老神仙，笑眯眯地说："你家房后的黄果树，今年结了一个黄果。这个黄果还要养足100天，你吃了后，明年就会有个聪明的儿郎了。"白胡子神仙说完就不见了。

两个老人马上去看，果然，黄果树高枝上有一个果子。老者每天晚上就通宵坐在黄果树下看守；老奶奶则白天看守。终于守到最后一夜，等天一明就可以上树摘黄果给老奶奶吃了。

天近拂晓，突然刮来一阵冷风。随风飞来一只鹞子，朝黄果树果扑来。老者抓了一块石头，顺势朝鹞子掷去。鹞子飞过树梢，飞到了白水河上。老者捡起一块石头，狠狠地朝鹞子甩去。那石头正击中鹞子的肚腹。它的双爪一松，黄果直直地向白水河中心落了下来。

"轰隆"一声，石破天惊，黄果把白水河砸断了，下半截河陷落几十丈。黄果树瀑布就是这样形成的。